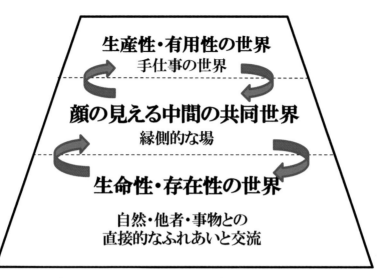

口絵 1　高度経済成長期以前の子ども・若者の成育環境

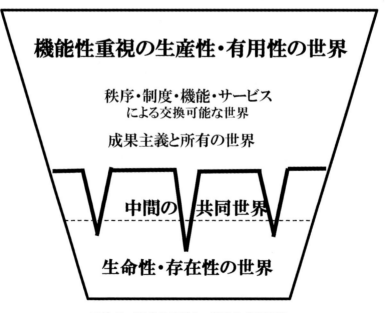

口絵 2　現代の子ども・若者の成育環境

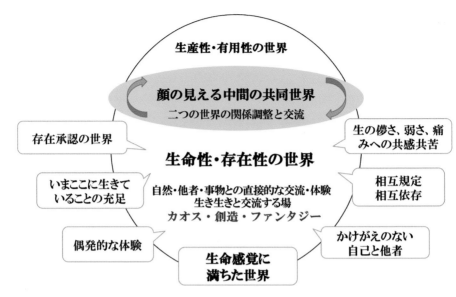

口絵 3　子ども・若者の Well-being な成育に欠かせない生命世界

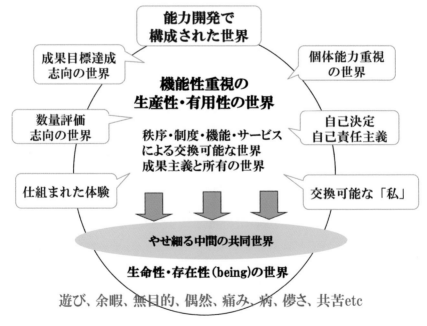

口絵 4　肥大化する生産性・有用性の世界／やせ細る中間の共同世界

口絵5　子どもの居場所づくりの二重性

名称	機関・プログラム	年
生きる力	文部科学省	1996
エンプロイヤビリティ	日本経営者団体連盟（日経連）	1999
リテラシー	OECD-PISA（生徒の学習到達度調査）	2000-15（3年おき）
人間力	内閣府（経済財政諮問会議）	2003
キー・コンピテンシー	OECD-DeSeCo（コンピテンシーの定義と選択）	2003
就職基礎能力	厚生労働省	2004
社会人基礎力	経済産業省	2006
就業力	文部科学省	2008
21世紀型スキル	ATC21S（インテル、シスコ、マイクロソフト）	2010
21世紀型能力	文部科学省（国立教育政策研究所）	2012

松下佳代『高校・大学から仕事へのトランジション―変容する能力・アイデンティティと教育』ナカニシヤ出版,2014を参考に作成

口絵6　経済産業界から期待される能力概念の一覧

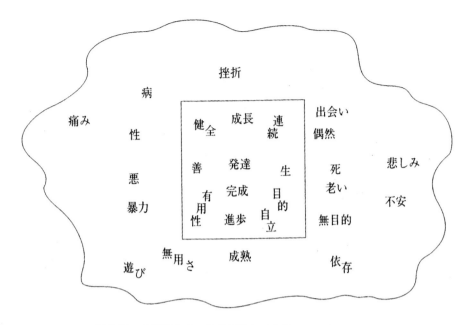

口絵7　教育的な生の価値規範と周縁化される生の諸側面

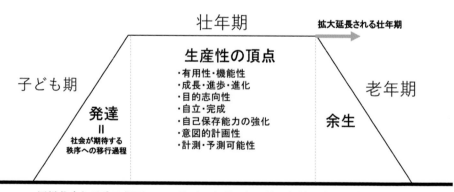

口絵8　近代産業社会の暗黙の前提にある台形型ライフサイクルモデル

子ども・若者の
居場所と人間形成

——Well-beingな環境デザインへ

萩原建次郎 著

東信堂

はじめに——生きていることの歓びと幸せを考えるために

　本書全体を通して流れているのは〈この世界に生まれて、いまここに生きていることの歓びや自由感と幸福感が大切にされる世界は何だろうか〉という問いである。何かができるようになること(doing)や能力や知識、物を獲得すること(having)が強調される世の中で、人間(とりわけ子ども・若者)の生のもう一つの大事な側面が置き去りにされてはいないか。そうした問題意識が本書の通奏低音として流れている。

　ところで近年、企業や行政をはじめ、あらゆる社会的な活動において「その事業・活動はどのような効果があったのか検証したのか」「数量的なエビデンスに基づいて検証しろ」「PDCAを回せ」といったリクツが、それに異を唱える余地もなく跋扈しているように思われる。このリクツは子どもたちの居場所となっている教育福祉施設の事業・運営や、高齢者の憩いのひとときになっている地域のボランタリーな文化・スポーツ活動、非営利的な社会貢献活動を支援・助成する施策の議論にまで及んでいる。

　顧客の満足度を測り、より売れる商品開発のために、どこに照準を絞ればよいのか、どこに潜在的ニーズ(＝消費欲求)があるのかを分析し、そこに資金と資材、"人材"を投入する。こうして得られた収益で企業活動を自立化させ、自律的に経営を回していくことが市場経済の中では企業経営として求められる重要命題なのだろう。〈機能性〉〈生産性〉〈有用性〉を基本原理とした〈自立化〉。そうした原理・原則は教育・福祉領域にも適用されてきている。本書では、こうした原理・原則に基づく世界を〈機能性重視の生産性・有用性の世界〉と名付けておく。

　その世界が勢いを増し、ボランタリーな地域活動、非営利的な社会貢献活動団体に対しても、その原理・原則が拡大適用され、教育・福祉に関連する行政会議や事業評価会議では「彼らにも自立を促し、徐々に補助

金をカットすべきだ」「社会課題を解決するための市民団体を育てて自立させていけばいい」という意見が勢いを強めている。そのような主張に直面するたびに私は胸が締め付けられるような思いに駆られるのだが、それは次のような理由からである。

　人間の生の全体性からみると、われわれの生に欠いてはならないもう一つの世界がある。それは〈生命性・存在性の世界〉と呼ぶべき世界のことである。

　とりわけ地域のボランタリーな文化・スポーツ活動や子ども会のような青少年育成活動などは、参加する人間も運営する人間も別に仕事や家庭を持ちながら、なるべく負担の少ない会費と手弁当で運営されている。それでも人がそこに集まって活動をしたり、子どもたちの育成にたずさわるのは、「経済的な利益がご褒美だから」ということではない。「憩いの場」といわれるように、なじみのある仲間同士が集ったり、新たな仲間ができたりすること、そこで交わされるたわいもない語り合いそれ自体には"いまここに生きていることの楽しさや幸福感"というものの味わいがある。いいかえれば、PDCAサイクルで追い立てられる生産性・有用性の世界とは別に、このさりげない人とのかかわりのなかで人は生きる意欲を得ていたりもする。地域のボランタリーな青少年育成活動も、子どもたちとふれあい、お互い顔見知りとなって、「○○のおじちゃん／おばちゃん」とまちで子どもたちから声をかけられたり、彼ら／彼女らとのたわいもないおしゃべりをしたりすることの楽しさや歓びに支えられていたりする。子どもたちが幸せそうにその時間を過ごしている姿や成長する姿に触れて、大人たちも幸福感や歓びを味わっているのである。

　子どもという〈いのち〉そのものに触れ、親も周りの大人たちも生産性・有用性の世界から一時離れて、共にこうして生きていること、存在し合っていることの歓びや幸福感、大変さも含めて楽しさを味わえる時空間に身を浸す。そうした相互性に満ちた関係世界が生命性・存在性の世界を特徴づけている。

　もちろん、生きていることの〈歓び〉〈幸福感〉〈自由感〉といった、生きる意欲と深く結びつく場面は、経済活動のなかでも見出されるものではある。しかし、生産性・有用性重視の世界においては、それが正当に評価されることはない。むしろ、生産性を上げ、労働者の「動機付け」程度の扱いとして周縁化されている。その意味では子どもたちの遊びも同様の扱いを受けている。遊びの世界は生命性・存在性の世界に深く根差すものである。しかし、生産性・有用性の世界に連なる個人の能力発達を目指す教育界からは、遊びはフォーマルな学習の動機付けや道具としての位置づけとなっている。

　このように生命性・存在性の世界と生産性・有用性の世界の違いをみると、地域のボランタリーな文化・スポーツ活動や子どもの居場所にも関わる教育・福祉活動に対して、生産性・有用性の世界の原理・原則を第一義としてあてはめることが、どれほどミステイクな判断かが見えてこないだろうか。広報をすべてICT化すれば、とりわけ情報弱者となりがちな高齢者はますます取り残され、エビデンスとして数量化されない活動・事業が切り捨てられれば、人々の生きる意欲を下支えしている楽しみや歓びの世界はいとも簡単に破壊され、衰弱する。主な生活の収入源となる仕事とは別のところで活動が維持されている地域の文化・スポーツ活動や青少年育成活動は、基本的に経済的利潤や収益とは別の、生命性・存在性の世界に根差している。子ども・若者の居場所や育ちの場をつくり維持する教育施設や福祉施設においても、事業運営していることの目的や動機を経済的利潤や利益追究と取り違え、より効果的で効率的な活動・事業と経営の自立化を迫ることが目的化すれば、現場のさまざまな取り組みは疲弊する(あるいは疲弊している)。現場に立つ職員の想いは子ども・若者の健やかな育ちを願うところにありながら、別な原理で仕事が評価され、行動変更を迫られるというのは、相当な心理的負荷をかけることになるからだ。

　一体、私たちは効率重視と生産性・有用性重視の世界の中で果たされ

る「自立」の先に何を求めているのだろうか。少し考えれば気づくことだが、人間の一生のなかで、自立的で自律的な状態に見える期間は限定的である。とりわけ子ども期、青年期、老年期では、誰かの手をかりなければ生きてはいけないのが、多くの人々にとって自明である。生産性が最も高いとされる壮年期においても、一見「自立」状態のように見えて、誰かを支え誰かに支えられているという相互依存的な関係性は排除できない。そう考えれば、個人と社会の近代化とセットで語られてきた「自立志向の社会」という考え方それ自体がリアリティに欠けていると言わざるを得ないのではないか。

　本書は子ども・若者を中心にすえ、彼らが社会全体の中で生き生きと暮らし、健やかに育つことを願って、そうした社会環境や成育環境をデザインするために大切な視点や方策は何かを、理論研究、実証研究、実践・事例研究の３つの研究アプローチを組み合わせて探究したものになる。全10章からなる章の構成は、この３つの研究スタイルのバランスを考慮している。内容はおおよそ５つのまとまりで構成されている。

　まず、第Ⅰ部(第１章・第２章)は本書の基調をなし、「生産性・有用性の世界」「生命性・存在性の世界」「顔の見える中間の共同世界」をキーワードに、子ども・若者の成育環境をめぐる現代的特徴を描き、Well-beingな成育環境デザインに欠いてはならない視点を検討している。

　第Ⅱ部(第３章から第５章)は、都市部における子ども・若者の成育環境の問題性を踏まえた上で、Well-beingな環境再生に向けた方策を論じた章からなる。

　第Ⅲ部(第６章・第７章)は、生命性・存在性の世界から見た、地域青少年育成活動や地域学校協働活動の意義についての論稿を配置した。二つの章の間には補論として遊びや余暇の意義を生命性・存在性の世界から問い直す論稿を入れた。

　第Ⅳ部(第８章・第９章)は、子ども・若者のWell-beingな成育環境再生

に向け、地域コミュニティ創出の拠点でもある公民館を中心とした社会教育施設の可能性や役割について論じている。

　第10章は「結論にかえて」とし、本書に通底する現代社会における自立や主体性について、その根本原理となる近代的主体と自立思想の問い直しから検討している。

　以上のような内容構成とし、取り上げる事例も、①都市部におけるもの、②伝統的な地域コミュニティに根差したもの、③さまざまな関連団体組織による協働によるもの、④多様なコミュニティを創出する公共施設（公民館やユースセンター）を扱ったものというように、できるかぎり多層的な日本社会の特徴を考慮しながら構成した。各章はそれ自体がひとつの読み物としてまとめられているので、どこから読んでいただいてもかまわない。

　また、巻末に関連図書リストを配した。本書で展開される子ども・若者の成育環境の現代的特徴や変容過程、生命性・存在性の世界、近代的な自立思想の問い直しといったテーマ群に対応させ、比較的手に取りやすく、読みやすいものを選んだ。本書をきっかけとして関心を広げたり、理解を深めたりする一助として活用いただきたい。

　本書はできるだけ図や写真を挿入し、目で見て直感的につかめるように工夫をした。それは日常生活を支える社会構造が複雑化しているがゆえ、生きづらさを感じている子ども・若者たちの、言葉になりにくい思いや感覚を解きほぐす一助となればという願いからでもある。

　冒頭に述べたように本書の根底に流れているのは〈この世界に生まれて、いまここに生きていることの歓びや自由感と幸福感が大切にされる世界は何だろうか〉という問いである。本書が少しでも機能主義とは別な生の在りようの大切さを考える手掛かりとなれれば幸いである。

目次／子ども・若者の居場所と人間形成──Well-beingな環境デザインへ

子ども・若者の居場所と人間形成

── Well-being な環境デザインへ

第Ⅰ部

子ども・若者の成育環境の
現代的特徴

第 1 章　居場所なき時代の自立と生きづらさ

1．居場所なき時代の自立は若者の不安と孤立をもたらす

　近年、「自立支援」というコトバがあちらこちらで鳴り響いている。若者支援は自立支援、高齢者支援も自立支援、障害者支援も自立支援、被災者に対しても自立支援、仮設住宅の無償提供も期限が来れば、あとは「早く自立してください」と行政が迫る。心身が傷つき、生きる意欲が衰弱しているなかでの「自立」というコトバは冷たく、より一層人々を深く傷つける。

　もともと「自立」を意味する independence という英語は、「独立」「主体性」「自治」「自律」「単独」「分立」といった意味を含み、従属や被支配的状況、依存状態からの離脱や解放という意味から来ている。たしかに戦後日本において、「自立」は伝統的な地縁血縁社会の封建遺制に息苦しいほどに縛られている人々にとって、そこからの解放と離脱の推進力として有効に働くと思われていた。その結果、人々は他者との関わりの煩わしさから解き放たれて「自立」と「自由」を手にし、生身の人間同士が直接ふれあうことなく、無人化と自動化を推し進める、便利で「自律」的な機能主義社会＝近代社会を手に入れた。

　しかし、independence には「没交渉」という意味もあるように、人間同士の直接的な支えあい・助け合いの場面はサービスに取って代わられ、人と人との顔の見える出会いや交流の機会は日常生活から失われて、近隣住

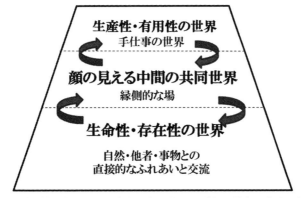

図1（口絵1）　高度経済成長期以前の子ども・若者の成育環境

民同士もますます没交渉になっている。そもそも生きがいの獲得や生きる意欲にかかわる側面は、人々がインフォーマルに出会いふれあい交流し、楽しさと親密さを獲得しながら、共に歓びや悲しみ、痛みを分かち合う共感の世界によって支えられている。それはいわば完全なプライベートでもなくパブリックでもない顔の見える中間の共同世界といっていい。さらにより根源的なところでは、人が自然や事物とかかわり、探索や冒険をし、自らも生命のつながりの中で生き生かされていることを感じ取る生命性の世界が広がっている。このような世界を示したのが**図1（口絵1）**である。高度経済成長期以前、子ども・若者の成育環境にはこのような世界が展開していたが、その後は都市化に伴いその主たる舞台の身近な自然環境も急速な破壊によって相当失われた。農山漁村部でも自然は残されていても、規制がかかって子どもが十全に自然とふれあうことができなくなっている。

　そのような人間の生の基盤となる世界が切り崩されてしまえば、どの世代であろうと、どのような属性であろうと生きる意欲や生きがいは弱まってしまうだろう。これは単に若者の経済的な生活基盤が崩れたという認識だけではすまされない問題である。このような状況を示したのが**図2（口**

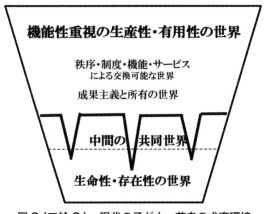

図2（口絵2）　現代の子ども・若者の成育環境

絵2）である。

　確かに近代化によって個人のさまざまな権利は獲得され、個の自立と自由は促進されたかに見える。しかし、**近代化がより一層進行した現代社会においては、「自立」をゴールとする政策を前面に押し出すことは、若者を一層孤立の不安へと駆り立て傷つけることになる。**彼らは社会のセーフティーネットが失われていること、自らの足元が根無し草になっていること、自己が浮き草のように不安定に浮遊した状況にあることを十分感じ取っている。

　それゆえ**制度・政策として強調すべきは「自立」ではない。必要なのは、多様な他者・自然・事物との豊かな交流（相互性）を含み、カオス性、創造性、想像性を許容する世界、子ども・若者の生命の根をのびのびと張ることのできる生命性の世界（beingの世界）の回復である。**

　それらの回復の鍵を握るのが「居場所」であると私はとらえている。ここからは居場所の視角から若者の生きる意欲の基盤、生の回復と充溢にむけた方途を考えてみたい。

2．居場所の意味をめぐって

(1)子ども・若者の居場所をめぐる歴史的・社会的な意味

　そもそも「子どもの居場所」「若者の居場所」という言葉は、1980年代以降、不登校(登校拒否)問題を契機に社会的に語られるようになったものである[1]。その頃から市民のボランティアベースで子どもの居場所としてフリースクールやフリースペースが全国に生まれ、シュタイナー教育やフレネ教育などのオルタナティブ教育、オルタナティブ学校への期待が高まり、管理教育や点数主義教育を乗り越えようとする学校もいくつか誕生した。またこのような民間教育運動にとどまらず、シュタイナー教育やホリスティック教育と連動した無農薬や自然農法、低農薬農法の農業への関心や実践、それらと連動するホリスティック医学やエコロジー運動、脱原子力発電の運動など地球環境問題への関心の高まりなど、さまざまな市民運動と連動していった。その根底には、近代科学文明を生み出した人間観の問い直しや、改めて生態系の一部の生命体としての人間の在り方を問う、生命科学への注目などがあった[2]。

　90年代に入ると国の教育政策としても「子どもの居場所づくり」が掲げられ、2000年代には全国に地域子ども教室が展開した後、放課後子ども教室へと移行し、放課後の学校を拠点とする安全・安心の遊びや学習空間を「子どもの居場所」と称するようになった。

　一方、90年代中頃以降、「居場所」を運営理念や事業コンセプトに据えた居場所型青少年施設といえる若者向けの公共施設が都市部を中心に展開する。そこでは企画や運営の一部を若者自身が担う、参加型運営を取り入れている点が特徴的である。

　このように歴史的な経緯と社会的な背景をふりかえると、子ども・若者の居場所の原点は、1980年代の市民ベースの居場所づくりにある。そこでの**居場所とは、①何度も挫折や失敗を繰り返し、傷ついてきた子ども・若者の声なき声に耳を傾けてくれる他者が居てくれる場、②自ら探索し、**

冒険し、いまここに生きている世界の意味と自分自身をつかみとる自己形成の場、③あらゆる生命のとのつながりの中で生き生かされているという事実に立ち返らせ、生の全体性の回復を志向した場であった。

(2) 子ども・若者の経験世界に添った臨床としての居場所

　一方、私は子ども・若者自身の居場所喪失の経験に添いながら、そこから反転的に見えてくる子ども・若者にとっての居場所の意味を探究してきた。これを前述した歴史的・社会的な意味での居場所と区別して「臨床としての居場所」と名づけておく。臨床としての居場所の喪失経験は、他者からの一方的な存在規定（操作的かかわりや規範的・評価的まなざしなど）において、①自分の存在価値や意味がわからなくなる存在実感の喪失、②自分はどこへ行けばよいのか、どうすればよいのかといった方向性の喪失、③自分はどこに身を置いてよいのかといった、身の置き所の喪失をもたらす経験であった。そこから反転させて見えてくる**臨床としての居場所とは、他者・自然・事物との相互規定的な関係性において、①いまここに自分が活きているという生の充溢、②自分が行くべき進むべき方向性の感得、③心と身体が安心して住み込め、自分という存在の伸び拡がりをもたらす場であった**[3]。

---

3. 居場所の視点から見た近代教育の問題性

(1) 社会にとって有用な個体能力の発達観と取りこぼされた生の諸側面

　ところで、J.ロックやJ.J.ルソーの登場以降、近代では子ども・若者を社会にとって有用な能力を開発すべく存在とみなし、産業社会を背景とした市民社会の価値を内包した発達（development）概念を中心に、青少年論、教育論が展開されてきた。そこでの子ども・若者の生は「発達」「進歩」「成長」「目的」「完成」「健全」「善」「自立」「有用性」「連続性」といった価値の枠組みで切り取られる。それを示したのが**図3**（口絵7）の四角囲いの

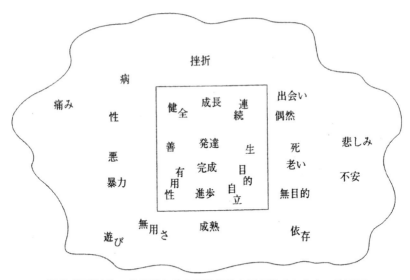

図３（口絵７）　教育的な生の価値規範と周縁化された生の諸側面

　内側に示した価値規範である。他方、「挫折」「病」「不安」「痛み」「無目的」「未完」「悪」「無駄」「遊び」「依存」「偶然」「死」「老い」といった生の諸側面は隠蔽されるか、「負」の価値と暗黙裡にみなされて教育空間（主に学校）から密かに排除されるか、周縁化されてきた。それが図３の四角囲いの外側に散りばめられた生の諸側面である。

　前述の居場所の意味からすれば、これら近代教育の価値を湛えたまなざしからこぼれ落ちてきた子ども・若者の生の陰影に寄り添い、生の全体性の回復と存在充溢をもたらす場が居場所である。例えば保健室が不登校生徒や"不良"の居場所になるのも、そこでは評価のまなざしが保留され、傷ついた生徒を受け入れ、まずは人間の弱さに耳を傾けてくれる他者（養護教諭）がいるからである。

（2）教育的まなざし＝子ども・若者をモノ化（客体化）するまなざしの息苦しさ

　一方、「教育的かかわり」といったとき、図３の四角囲いの内側にあるよ

うな価値と評価の枠組みを湛えたまなざしで若者たちに徹底してかかわるならば、彼らはますます息苦しさを感じるだろう。

　国や地方自治体の若者政策が目指すべき青年像、期待される青年像を前提とし、暗黙に若者の生を枠づける規範と方向付けを強く働かせれば、若者は大人・社会からの暗黙の教育的まなざしを感じ取ってすり抜けるか黙り込むしかない。現在は近代化の中で個々人が没交渉(independence)となって集団性も薄れ、精緻に個体能力の選別評価システムとして機能する学校社会では反抗・対抗すべき具体的な相手の顔が見えず、若者はやるせない気持ちのやり場と行き場を失って沈黙する。それを単に「最近の若者はおとなしい」と片付けてはならない。「普段はおとなしい若者」が匿名の他者に向けて爆発的にキレてしまう近年の事件のように、あるいはネット上での「炎上」や「荒し」といわれる攻撃的な言葉が乱れ飛ぶ現象に見られるように、内に蓄えた負のエネルギーを匿名の他者への攻撃として向けるか、インターネット上の密室空間でいじめとなって特定の他者にそれを向けるか、自傷や自殺のように自らの内にそのエネルギーを振り向けてしまうか……その生きづらさの特異な表出の根っこには、ここまで論じてきた近代社会ないし近代教育の問題がある。

4. 若者の生の回復と充溢を生み出す条件

(1)生命性の世界(カオス・創造・ファンタジーの世界)の回復

　そうなると見えてくるのが、子ども・若者の居場所が本来、学校教育からの逸脱逃走であった歴史的経緯を無視して、再び近代教育のフィルターを通すことで居場所の質が変容し、大人・社会が望む居場所の在り方と子ども・若者が望む居場所の在り方との根本的なずれと葛藤が生まれるという問題である。私は小学生を対象にした地域子ども教室や放課後子ども教室の調査研究にもたずさわってきたが、実際においても子どもの居場所づくりは、大きく二つの異なる方向性を持ち、対立・葛藤・調整を

図４（口絵５）　子どもの居場所づくりの二重性

していることが確認された[4]。

　その１つが秩序を維持形成する大人・社会から見た居場所づくりであ
り、もう一方が**子どもの存在欲求に寄り添った居場所づくり**である。前者
を志向する居場所づくりは大人・社会の秩序や規範から逸脱しない、大
人から見た安全・安心の場を求めたものになる。とくに国や地方自治体が
推進する放課後子ども教室はその傾向が強い（**図４上部**）。それに対して、
後者の居場所づくりは**子どものもつ生命の躍動や、場を根源的に活性化
させる意味でのカオス性を含み、時として大人・社会の規範や既成秩序
からはみだし、揺さぶる要素を含んだ居場所**になる（**図４下部**）。このよう
な居場所は、多様な他者・自然・事物との豊かな交流（相互性）を含み、カ
オス性、創造性、想像性を許容する生命性の世界（beingの世界）に親和性
を持つ。全国に広がる冒険遊び場（プレーパーク）が、この志向性をもった
実践として代表的である。

　もちろん居場所づくりの２つの方向性は１つの実践の中に同居する。

放課後子ども教室のスタッフも、できるだけのびのびと子どもたちに過ごしてもらいたいという願いを持ちながらも、教育委員会や保護者からの要望との兼ね合いで葛藤を抱えている。冒険遊び場のスタッフや世話人も同様に、火遊びや釘刺し、秘密基地やどろんこ遊びなど、できるだけダイナミックに子どもの遊びの欲求をかなえられるように周辺住民との関係調整を行なっている。その意味で、子どもの居場所づくりの実践は、つねに大人・社会がもつ規範性と子どものもつカオス性の対立と葛藤と調整のなかで折り合っていく性質を不可避にもっている(**図4**中央)。

　このことは若者の居場所づくりにおいても重要な示唆を与える。中高校生を含めた若者層にいたっては、より一層自律的な活動を志向する年齢段階に入ってくる。とくに行政主導の青少年施設において、さまざまなルールと一方的な規範で固めた場を志向すればするほど、そこは若者の居場所にはなりえない。ただ大人しくテスト勉強や受験勉強をしに来る自習室と化しているところも実際に存在する。対して若者と施設スタッフとの共同運営の仕組みや、多様な居方と活動の試行錯誤を許容する場の運用を心がけている青少年施設では、若者の参加や参画の度合い、利用の多様さにおいて歴然としている。必ずしもそれが目指されるゴールではないが、若者たちの自主的なサークル活動が創出されたり、ボランタリーな動きが生まれたりする。

(2)子ども・若者の存在充溢をもたらす偶発的な体験・学習

　もう1つ、若者の生の回復と充溢の居場所を生み出す要素として重要なのが「偶発性」である。若者の自立支援の現場では、自立にむけた体験プログラムや学習プログラムを用意して、社会において有用なスキルや知識、態度を学習させる所がある。これを「仕組まれた体験・学習」と呼んでおく。それに対して、**子ども・若者たちの自律的な探索過程で、偶発的に未知なる世界と出会い、これまでの自己がゆさぶられ、新たな意味を発見したり、今ここに生きていることの充足感を得たりする体験や学びが**

ある。これを「**偶発的な体験・学習**」と呼ぶことにする。

　前者の「仕組まれた体験・学習」は、大人の側が体験内容を事前に価値づけて設定し、体験のプロセスをあらかじめ水路づけた活動である。それは体験を通した何かしらの能力や認識の獲得が目指されるため、体験のもつ有用性（役に立つかどうか・できるかどうか）に力点が置かれる。他方、「偶発的な体験・学習」は子ども・若者の存在充溢をもたらす生命性の世界に根ざしたものである。それは子ども・若者の冒険と試行錯誤、未知なる世界に身を投げ入れる「プロジェクト」、彼らの存在欲求に根ざした自律的な活動である。そこで得られた学びは、彼らにとって点数評価などには代え難いものとなる。そうした自律的な学びや体験の積み重ねこそ、大地に根を伸ばし自ずから立つ養分となる。

　他方、大人・社会によって仕組まれた体験・学習が学校内外や放課後での活動、支援現場のあらゆるシーンに行きわたることは、あたかも日陰のない真夏の太陽のもとで、子ども・若者が大人の視線から逃げ場なく照らし出されていく状況に似ている。子ども・若者の居場所には大人社会の有用性と機能性、規範性重視の世界から少しはずれて、羽を休める日陰のような場も欠いてはならない。

　以上２つの体験・学習の違い、それらが依拠する世界の違いを確認するとき、若者支援には若者と直接関わっている大人（実践者・支援者）や政策立案者、そして彼らの活動それ自体への社会の寛容さが必要不可欠であることが見えてくる。子ども・若者の生命の躍動や存在充溢といった側面は、人として生きるうえで欠かせない要素でありながら、既存の秩序や規範をゆさぶる側面も持ち合わせる。それゆえに、大人・社会がどこまで子ども・若者の存在欲求の世界と折り合う寛容さを持てるかが、若者支援を支える要となる。これらをまとめたものが**図４**（**口絵５**）である。

（3）若者のリアルな世界を開く多様な他者とのナナメの関係

　最後に、閉塞しがちな若者のリアルな世界を開く他者との関係性につ

いて触れておきたい。既に述べた「教育的なかかわり」とは異なる関係性の中でも、とくにシニア世代と孫にあたる子ども・若者世代との関係には、「冗談関係」と呼ばれる関係性が多く含まれている。それは猥雑なことをあえて子どもや若者に仕掛けたり、彼らからの意地悪も冗談として受け流したりする関係性を指す[5]。むしろ彼らからの意地悪を大人側が積極的に期待し、受け止めていく懐の深い関係性、遊びのある関係性である。わかりやすいのはアニメのちびまるこちゃんと友蔵おじいちゃんの関係だが、それは「教師－生徒」「教授－学習」のようなフォーマルな関係性とは異質である。むしろこうした暮らしに溶け込んだ奥行きある関係性があったほうが、子ども・若者と大人との間に生き生きとした関係が生まれやすい。

　一方、社会的な規範や権威性を帯び、緊張や対立を含む関係は、親と子、教師と生徒の間でしばしば起こる関係であり、学校教育はこうした緊張を伴う関係に満ちている。先ほど指摘した居場所づくりの2つのベクトルと呼応する形で、隣接世代の緊張関係が強く働く学校的な関係性と、暮らしに息づく冗談関係との間では軋轢が生じやすい。それは既成の規範・秩序を維持形成する大人側からみた、安全・安心でフォーマルな学習活動と、大人と子ども・若者の関係を根源的に活性化させるような偶発的な体験や学びとの対立葛藤とも重なる。子ども・若者の側からすれば、偶発性に富んだ体験や学び、フォーマルな服を脱いだ大人と共に過ごすインフォーマル、ノンフォーマルな時間や空間は、安心して心身を伸び広がらせ、楽しさを喚起する。大人もまた子どもや若者の生命の躍動に触発されて、生きていることの充足感や自らの内なる子ども感覚や原点にふれたりする。このような関係性においては、大人も子ども・若者と共に自己形成の途上にある同行者である。若者もこうしたナナメの関係において、閉塞しがちなリアルな世界に風穴をあける異質な他者と出会うことが何よりも必要である。

　実際、私も学生たちを伴って、まちの大人がボランタリーに集う学習サロンに毎月参加している。そこでは平和や環境問題、貧困問題やホームレ

ス支援、子育て問題、高齢者支援など、多様なテーマでミニ講義を受けた後、参加者全員で感想や意見を述べ合ったりする。もちろん学生も対等に意見を述べる。その後は、手作りのおつまみとお酒も混じり（未成年はもちろんソフトドリンクだが）自由に語り合う。そこで学生たちは隣に座るまちの大人から己の死生観を聞いたり、紛争地に赴いて平和活動をしている方や夫婦で被災地支援をしている方、故郷のためにコミュニティビジネスをはじめている方などと語り合い、さまざまな生き様に触れたりしている。そうした出会いと交流の後に大学に戻って学生たちと語り合うと、自分事にひきつけながら、自らの言葉で率直に話をしてくれる。こうした大人や多様な他者との出会いに触発されて、ボランティア活動をはじめる者、平和について調べ始める者も出てきたりする。

5．社会教育が育む〈顔の見える中間の共同世界〉

　社会教育のよさはこうした出会いの多様さ、学ぶ内容・テーマの多様さ、皆が自発的な意思で学び、楽しんでいる点である。そこには「学習指導」「生徒指導」「青少年指導」などといった堅苦しい関係性はない。互いに学び、互いに教えあい、相互性豊かに適度な張りとゆるみのある良い加減さがある。いまここの人格的交わりのなかに生きているとき、私たちは年齢や障がいの有無、国籍を生きているわけではない。学生のなかには地元の合唱サークルを通じて90歳のおばあちゃんが友達だという者もいる。そのような意味で、インフォーマルに共に同じ時代を生きている仲間として老若男女が出会い、共に学び、共に活動を楽しむ機会と場がもっとたくさんあるべきだ。

　とりわけ若者政策では直接的な就労支援や職業的自立訓練、ユースセンターの整備も重要であるが、より根本的なのは、このような顔の見える中間の共同世界（縁側的な中間領域）を創出する環境整備である。その具体的な中核機能を果たすのが公民館や生涯学習センターと社会教育職員で

ある。若者支援の視点から見ても、その役割と存在意義は増している。しかし都市部を中心として明らかな整備不足や、後退しているところもある。私たちはもっとこの根本的課題に目を向ける必要がある。

注

1　　萩原建次郎「子ども・若者の居場所の条件」田中治彦編著『子ども・若者の居場所の構想』学陽書房、2001年、51〜53頁

2　　萩原建次郎『居場所――生の回復と充溢のトポス』春風社、2018年、25〜27頁ならびに、巻末の関連図書リストを参照されたい。

3　　この臨床としての居場所の意味については、前掲、拙著『居場所』で詳しく検討している。

4　　平成16年度から平成18年度にかけて全国で実施された「地域子ども教室」の実態について、筆者はガールスカウト日本連盟主催の「子どもの居場所協議会」委員として実態調査等にたずさわっていた。

5　　「冗談関係」はもともとイギリスの文化人類学者のラドクリフ・ブラウンが当時の未開社会のフィールド研究から発見し、名付けたものである。英語では"joking relationship"と書かれる。

第2章　脱身体化する社会と生の全体性の回復

1. 「安定したい」けれど「安心できない」若者の居場所

　居場所は現代社会で周縁に置かれている失敗や挫折、痛みや病、老いや死といった生の陰影に寄り添う場として注目されてきた側面がある(口絵7)[1]。それが直接の対面的日常で見つけにくい場合は、その補完として手軽に匿名で思いを語れるインターネット空間で、語りえない思いを表出する方向に向かうこともある。

　このことに関わって、教育哲学者の高橋勝は次のような指摘をしている。

　　モダニティが進行して、社会が激しく流動化しはじめると、人々は共同体における身近な他者から切り離されて、不特定多数の他者と関わらざるをえなくなる。それは、社会変動によって、人々が安定した共同体を失って孤立し、濃密な関わり合いを喪失することを意味している[2]。

　共同体における身近な他者との関係が切り離されるということは、時間をかけて信頼関係を築くこと、互いのすれ違いを修正するゆとり、それぞれの経験の履歴を共有することもできなくなるということを意味する。教育学者の田中智志はこの失われつつある関係性の柔軟さや厚みを「冗長性」と呼んでいる[3]。それは車のハンドルの"あそび"のような機能を有し、

ある程度の行き違いや方向性がずれたとしても、修正をきかせることのできる関係性である。

　この冗長性が失われていく現代社会で、1990年代以降になると価値観や気の合う身近な他者と同質的な「島宇宙」[4]をつくり、その中だけの安定した人間関係に閉じるという生き方が都市部の高校生を中心に出現したのも必然ともいえる。

　しかし、その島宇宙からはじかれてしまえば、外は何の支えもない底の抜けた世界である。そうならないために、できるだけ人間関係の安定に向けて葛藤や対立を生じさせないように気づかいあう「優しい関係」[5]に腐心することになる。子ども・若者の成育の土台となる身近な安定した共同体（地域、家庭、会社など）が脆弱化し不安定化しているがゆえに、直接の対面的な人間関係に安心して身を投じることができない。そうなると、直接の対面関係においては、人間関係は島宇宙化し、居場所は「安定した人間関係とつながりを維持するための場」へと変質する。その安定と維持のために、お互いの考えや価値観をできるだけ合わせようとしたり、そこのグループ内で認められる「キャラ」をつくって安定化を図る。教育社会学者の御旅屋達が、居場所を「『逃げ場』であるだけでなく、私たちの生存や生活を支える場であったり、そこから『逃げ出せない』ような場所でもある」[6]と指摘するように、現代の居場所は時として若者同士を縛る場となる。

　そうしたジレンマの根底には、「安心」を確保したいけれども、それにはまず「安定した場」を担保しなければならないという二重の課題が横たわる。しかも、若者自身がこの二重の課題を担い、同時に解決するのは至難の業である。そうであるならば、この**人口流動と変化が激しい現代における若者支援の課題として、安心以前に、若者たちが「安定した場」を確保しやすいように、大人・社会が保障することが第一義である**ことが見えてくる。

　まずそこに「安定した場」があり、仲間や聴いてくれる誰かがいてくれる。若者たちが安心して弱さを出すこともでき、ぶつかり合いや葛藤も十全に

できうる身近な日常となるための〈トポスとしての居場所〉を再建する必要
がある。そうした居場所とはどういった場なのか。インターネット空間の
居場所と何が違うのか。もう少し、その意味と生成の仕組みについて考え
てみたい。

2．公と私の中間の場

　例えばある青少年センターでは、受付には顔なじみのスタッフが居て、
ロビーには自由に閲覧できる雑誌や漫画が置いてある。ロビーでは軽い飲
食もできる。そこに行けばある程度自分のことを知っている誰かが居て、
たまに常連の利用者と声を交わしたりする。一人で物思いにふけりたいと
きはそっとしておいてくれたり、世間のまなざしから距離を置くことがで
きる。スタッフとの雑談で、「ちょっと何か今までとは違うことやってみ
たいんだよね……」と何気なく口にしてみると、「こんなのあるよ」とボラ
ンティア体験のチラシを見せてくれる。入口近くの掲示板に目をやると、
ほかにも体験活動の案内などが貼ってある。これまでだったら腰が重た
かったけれど、知っているスタッフの勧めもあって「参加してみようかな」
と思えたりする……etc.

　このような場には、他者とのかかわりや空間や物との相互性がある。小
さなかかわりと交流の積み重ねで、ひとはその場に馴染んでいく。ここで
いう「場」も単なる空間ではない。なじみのスタッフや、挨拶を交わす誰か
が居るという、かかわりあいが織りなす「意味ある空間」を指している。

　政治学者の中島岳志はこのような空間を物理的空間と区別して、ギリ
シャ語で「場所」を意味する「トポス」と呼んでいる[7]。この〈トポスとしての
居場所〉は、閉じられたプライベートな場でも、制度化機能化されたパブ
リックな場でもない、その中間に位置し、顔の見える関係性の網目によっ
て支えられている「中間的な場」でもある。

3．インターネット空間の居場所

　〈トポスとしての居場所〉は匿名の他者との結びつきで生まれるインター
ネット空間ではない。実際に筆者がこれまで出会ってきた若者が語る居
場所の事例も、そのほとんどは直接の対面的なかかわりあいの場面であ
る。しかし、その一方で「ネット空間だって居場所になるはずだ」という声
も聞こえてくる。それも否定はしないのだが、「ネット空間で匿名の他者
との居場所がなくなることと、この直接的で対面的な交流の世界で居場所
がなくなるのとでは、その重みや実感は同じだろうか」と問うてみたい。

　例えば、秋葉原通り魔事件を起こした若者は、事件に至る過程の中で
直接的で対面的な交友関係から次第に遠ざかり、事件直前ではインター
ネットの電子掲示板の交流だけになっていた。しかし、彼の唯一の居場
所となっていた電子掲示板でもトラブルが生じると、より一層言動が先鋭
化し、インターネットを通じての交友関係も失っていったことが知られて
いる。直接的な対面関係で居場所が失われたときに、日常のしがらみから
解放された仮想空間での匿名の人間関係で居場所を得ようとしても、「と
きたま慰められることはあっても、身を支えられるということはない」[8]。
インターネットのような仮想空間の居場所の在りようは、誰かとつながり
やすい反面、そのつながりは切れやすくもある。直接的で対面的な交流
世界での居場所が縮小していく中で、仮想空間にその場を求めていった
としても、そこでの紐帯も存在の重みも非常に心もとない。

4．間身体性による共同の世界

　直接的な対面関係の世界においては、デジタル化では伝達しえない、
相手の息遣いや存在感(オーラ)、表情の微細な変化など、体感的で非言語
的な次元の交流と手ごたえがある。この身体的で非言語的な関係性が成
り立つのは、人が間身体的存在だからである。この「間身体的」とはどうい

うことか。

　筆者は高校・大学時代に、東北の北上地方に伝わる鬼剣舞という念仏踊りを教わっていたことがある。鬼の面をつけ、5キロ近くの衣装を着て2人から8人組で踊るのだが、目の部分にあたる小さな穴からしか周囲を見ることができない。初めて面をつけて踊ったときには、一体自分がどこを向いて踊っているのか、めまいに似た感覚に戸惑ったことがある。しかし、踊り組のメンバーと繰り返し踊っていくうちに、互いの息遣いや気合いの入れどころが呼応しはじめ、周囲との「距離」をいちいち意識しなくとも、踊っていることに集中ができるようになっていった。一人ひとりの踊り手との「距離」が消失し、各自が主体的でありつつも「一つの踊り」として互いの身体が共振していくのである。このことは、哲学者の熊野純彦が間身体性について以下のように語ることと重なる。

　　　空の青さに没入しているとき、青空は私から隔てられて、かなたに広がっているのではない。私はむしろ、空の深い蒼さのうちに吸い込まれていく。青空と私は「共存」し、たがいに浸透しあっている。夏の夕方、吹き渡る風を感じるとき、風はまた私のからだを吹き抜けている[9]。

　このように〈トポスとしての居場所〉は、間身体性に支えられた自己と他者が織りなす、相互浸透と共同性に満ちた共存の世界である。いいかえれば、公と私とのあいだをつなぐ、中間的な場というのは、身体性を帯びた世界に根差している。それゆえ、この世界は人間の身の丈にあったリズムと時間感覚で働き、共同で暮らしをつくる「手仕事の世界」でもある。

5．手仕事で営まれる生産性・有用性の世界

　例えば地域のお祭り。会場づくりでやぐらを組む、テントを張る、椅子

と机を運ぶ、屋台の準備をする、手伝いの地域の方たちのお弁当をつくる……など。それらは地域や人の「役に立つこと」や「務め」であると同時に、声を交わしながら、お祭り会場(トポス)を生み出す。それと同時に、お祭りが始まれば、高校や大学進学、就職などで地元から離れていた若者たちも戻ってきて、幼馴染みと再会し、夜店歩きを愉しみ、地域の老若男女の出会いと交流に満たされる。

このような地域活動が生み出す居場所(中間の共同世界)については、第5章や第7章で詳しく述べるが、かつて地域の暮らしと個々人のライフサイクルと連動して、日常のそこかしこに埋め込まれてきた営みでもある。毎年の節句行事のほかにも出産、誕生、結婚、葬儀をはじめ、人生の節目ごとに催される通過儀礼など、今ではそのほとんどが簡素化・サービス化され、私的な事柄に閉じ込められている。しかしもともとは人々が寄り集まって、共感共苦の世界を織り上げてきたものである。哲学者の鷲田清一はそれを「相互の≪いのちの世話≫の場」と名付けるが、このような営みは「それこそみずからの手で世話しあうという協働の能力であり、『共同防貧』の仕組みであった」[10]と述べる。

筆者もこの20年ほど、全国の地域青年団が集う青年大会の運営委員や彼らの地域実践活動表彰の審査員を通して、地域に生きる若者の活動や彼らの生の声に触れてきた[11]。都市生活者にとっては非常に見えにくくなっているが、少子高齢化が著しい農山村漁村部であっても青年団員がまちや村の防災、復旧・復興に尽力している。また地元の活気を絶やさぬよう、新年の餅つき大会を継続させていたり、郷土芸能を継承したり、途絶えていた夏祭りを復活させたりして、中間の共同世界の重要な創り手として活躍している。

なかには、古くから伝わる地元の民謡を掘り起こし、現代ロック調に編曲して復活させたり、若者向け音楽フェスティバルと伝統的な盆踊り大会をミックスした新しい地域行事を生み出したりしている青年団もある。これらはいずれもサービス化・イベント化した行事ではなく、若者たちと地

域の人々の信頼と協力の元で実現した手作りの取り組みである。

　とはいえ、実施に至るまでに数々の失敗や苦労の連続で、自分たちが「これなら楽しいに違いない」と考えたアイディアが、実際にやってみたら全く人が来なかったということは、よくあるそうだ。そこでアイディアを練り直す過程で、地域の人たちやOB・OGにも意見を聞いたり、子どもたちの声にも耳を傾けたり、あるいは子どもや中高校生も巻き込んで一緒にイベントをつくったりと、必然的に様々な世代やまちの人々を巻き込んでつながりを生み出しているのには目を見張るものがある。

6．わたしたちの生に息を吹き込む〈生命性・存在性(being)の世界〉

　いのちの世話の場、トポスとしての居場所、中間の共同世界。ここまで述べてきたように、これらの世界は手仕事による生産性と有用性の世界と相補関係にある。とりわけ農業・林業・漁業といった第一次産業や町工場のような職人の世界は手仕事の世界と深く結びつき、地域青年団員もこれらの仕事に従事している者が多い。

　言うまでもないが、この生産性と有用性の世界は、私たちの暮らしを物質的・経済的に支えていく意味でも、ひとの営みとして必要不可欠なものである。しかし、現代のグローバル経済下では、この生産性・有用性の世界は身の丈をはるかに超えて、過剰に肥大化している。**図5（口絵4）**に示したように、この世界は近代化の中で一層機能化し、人間を工場の部品のごとく個人化させ、交換可能な存在として飲み込もうとしている。経済産業界は、この世界をより効率化し、生産性を高めるために、子ども・若者に一層高度で抽象的な能力期待をかけてきている。

　それは1996年に文科省が提唱した「生きる力」にはじまり、日経連による「エンプロイヤビリティ」、内閣府経済財政諮問会議による「人間力」、OECDによる「キー・コンピテンシー」、経産省による「社会人基礎力」、国立教育政策研究所による「21世紀型能力」の提唱にまで至っている。こ

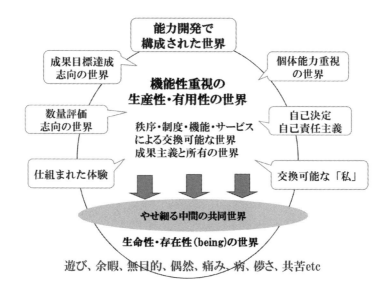

図5（口絵4） 肥大化する生産性・有用性の世界／やせ細る中間の共同世界

のように経済界、政財界からの子ども・若者への能力期待はすべて生産性・有用性の世界を土台とし、より強固に肥大化している（**口絵6**）。

　また、この世界の特徴は能力開発で構成された世界であり、人間の生を能力の束とみなし、仕組まれた体験・学習プログラムによって能力を開発する。可能な限り生の在りようを数量化（モノ化）して評価し、成果や効果として測る成果志向・目標達成志向が特徴である。個体能力重視の世界であるがゆえに、それは自己責任主義、自己決定主義、自立主義と強く結びつく。それは個人の選択の自由と共に、個人に対しての自立と責任が重くのしかかる世界である[12]。

　この機能主義化した生産性・有用性の世界によって、人々の暮らしの共同の世界は各種代行サービスにとって代わり、極度にやせ細っている[13]。加えて、この世界が侵食したものは中間の共同世界だけではない。いのちの世話に深く関わる〈生命性（living）と存在性（being）の世界〉もまた、私たちの日常から遠ざかっている。

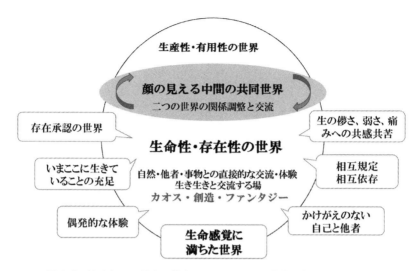

図6（口絵3）　子ども・若者のWell-beingな成育に欠かせない世界

　それは**図6（口絵3）**に表したような自然・他者・事物と直接的に生き生きと体験・交流する世界である。この世界は機能主義がもたらす規制や規範を揺さぶり、そこからはみ出ていくようなカオス性を含んでもいる。それゆえに生命感覚に満ちた世界、いまここに生きていることの充足感や歓びを感得する世界である。また、いのちの陰影に深くかかわって、病、老いや死といった人間の弱さや生の儚さへの共感共苦も含む世界でもある。

　これらを含む生命性・存在性の世界は、中間の共同世界に根源的な活気を与え、いまここに生きていることの手ごたえと充足感をもたらす。その意味で、生命性・存在性の世界は、中間的な共同世界を媒介として、生産性・有用性の世界も活気づけていく、私たちの生の営み全体を下支えする重要な意味をもっている。

　それゆえに機能性重視の世界に身を置き、「匿名の代替可能な存在としての自己」を生きていても、再び生命性・存在性の世界に出会ったとき、かけがえのない自己と他者が息を吹き返し、生きる楽しさと歓びへと転換

する可能性に開かれるのである[14]。

7．若者の生の全体性の回復にむけて──トポスとしての居場所(顔の見える中間の共同世界)の再建

　さて、ここに至ってようやく「トポスとしての居場所(顔の見える中間の共同世界)の再建」という、若者の生の全体性の回復と充溢にむけた課題に対して、ひとつの解が得られることになる。

　それはコロナ禍が常態化した世界が続くとしても、**ひとが間身体的存在として生を支えている**以上、**直接的な体験活動、直接の対面的コミュニケーション、共同作業を伴う活動、手仕事は決してやめてはならない**ということである。むしろ、感染防止も配慮しながら、できうる限り身体を介して直接自然とふれあい、他者と共に働き、食を楽しみ、語り合い、読書にいそしみ、文化芸術に触れるといった、**生命性・存在性の世界に近いところでの活動や場をデザインする**ことである。

　そこでは何らかの能力獲得や「できたかできなかったか」は第一義ではない。若者たちが「安心してその活動や場を楽しんだり、没頭したりしているか」「ほっとしたり、心地よい緊張感を楽しんでいるか」「五感をよく働かせているか」「他者、自然、事物との豊かな体験・交流が生まれているか」「幸せそうか」など、〈**いまここに生きていることの歓びと充足感**〉〈**共感共苦**〉〈**偶発性の大切さ**〉の視点で見守り応援すべきだろう。

　ただし、トポスとしての居場所(顔の見える中間の共同世界)の再建は、かつての伝統的地域共同体のような閉鎖的一元的コミュニティに戻ることではない。変わらぬスタッフ・仲間・伴走者が居てくれる「安定した場所」でありながら、公民館や地域センター、ユースセンターや児童館、コミュニティカフェなど、多様な社会資源とのつながりに開かれた、多層的なコミュニティの創出へと歩むことが求められる。

注

1　萩原建次郎『居場所——生の回復と充溢のトポス』春風社、2018年

2　高橋勝編著『子ども・若者の自己形成空間——教育人間学の視線から』東信堂、2011年、18頁

3　田中智志『他者の喪失から感受へ——近代の教育装置を超えて』勁草書房、2002年、23頁

4　宮台真司『制服少女たちの選択』講談社、1994年

5　土井隆義『「個性」を煽られる子どもたち——親密圏の変容を考える』岩波書店、2004年、土井『友だち地獄——「空気を読む」世代のサバイバル』筑摩書房、2008年

6　御旅屋達「居場所——個人と空間の現代的関係」本田由紀編著『現代社会論』有斐閣、2015年、151頁

7　中島岳志『「リベラル保守」宣言』新潮社、2016年

8　鷲田清一『しんがりの思想——反リーダーシップ論』角川書店、2015年、169頁

9　熊野純彦『メルロ＝ポンティ——哲学者は詩人でありうるか？』NHK出版、2005年、82頁

10　前掲、鷲田、163頁

11　2022年第70回全国青年大会の様子は動画サイトYouTubeで公開されている。https://www.youtube.com/watch?v=--PxxngFObw（2023年12月閲覧）

12　詳細は第6章を参照されたい。

13　前掲、中島、198頁〜203頁、鷲田、58頁〜73頁

14　自身の不登校・ひきこもり経験をくぐり抜け、現在当事者や家族支援を行っている丸山康彦は、ひきこもりが終わるとき、「『常識』とか『あるべき自分』といった“つくられた”ものではなく『自分の命』という“もともとあったもの”を基準に、物事を感じ、行動に反映さえるようになる」と指摘し、それは「『命』という出発点に立ち返る」ことだと語っている。『不登校・ひきこもりが終わるとき——体験者が当事者と家族に語る、理解と対応の道しるべ』ライフサポート社、2014年、309頁〜313頁。

第**II**部

都市におけるWell-beingな成育環境を
デザインする

第3章　信頼と寛容のコミュニティ創出に向けた仕組

1．思春期年代から見た公園

　令和3年度に総務省行政評価局からの委託を受けて、筆者は都市部(東京都板橋区)に住む小学校5年生から中学校2年生(10歳から14歳)までの児童・生徒を対象に公園利用実態調査(以下、公園調査)を実施した[1]。そこから見えてきたのは、公園がこの年代(以下、「思春期年代」と表記する)にとって身近に地域のまなざしを感じる場所であり、地域課題・生活課題をリアルに感じている場であることであった。

　公園は他の子どもの遊び場調査や放課後の居場所調査などでも、子どもたちが過ごす場として上位に来ている[2]。今回の公園調査においても、公園は自宅、塾・習い事に次いで3番目に位置する重要な場所であることが確認された。しかし、思春期年代の視点に立てば、公園は窮屈な思いで過ごせざるを得ない状況にあることも今回の調査から見えてきた。それにもかかわらず、多くの思春期年代が「誰もが楽しく自由に過ごせる場であってほしい」と願っていることもわかった。

　そこで本章では公園調査を手掛かりに、思春期年代から見た公園の意義や課題は何か、公園に対するニーズや思いがどこにあるのかを明らかにしたい。それらをふまえ、思春期年代にとっても居場所であるために、近隣住民や他の利用者と共にどうあったらよいのか、その運用ルールも含めて検討する。

2．放課後の過ごし方についての思春期年代の願いと公園の役割

　思春期年代は放課後をどのように過ごしたいのだろうか。小学校全学年約12500人とその保護者約9000人を対象とした「神奈川県における放課後の子どもの居場所づくりに向けた実態調査研究」を手掛かりにみてみよう[3]。

　小学校高学年生が「放課後の時間にやってみたいこと」の上位3つを挙げると、一番多いのが「友だちと一緒に遊ぶ」（89%）、二番目が「運動やスポーツをする」（71%）、三番目が「本や漫画を読む」（57%）である。一方、保護者が「放課後の時間にさせたいこと」においては一番目が「友だちと一緒に遊ぶ」（97%）、二番目が「運動やスポーツをする」（96%）、三番目が「勉強をする」と「おつかいなど、家のお手伝いをする」（同率84%）である。ここから**「友だちと一緒に遊ぶこと」「身体を動かして遊ぶこと」が子どもも保護者も一致したニーズとして高い割合を占めている**ことがわかる。

　一方、実態として小学校高学年が放課後過ごしている場所は、一番多いのが自宅（79%）、二番目が塾や習い事（47%）、三番目が公園・空き地・広場（43%）であり、上記の子どもや保護者の願望と実態とでは大きな隔たりがある。実際に、放課後がつまらないと感じている児童のほとんど（85%）が自宅で過ごしており、友だちの家で過ごす割合（24%）も、公園・広場・空き地といった外で過ごす割合も少ない（22.8%）。逆に放課後が楽しいと感じている児童は、友だちの家で過ごす割合（42.6%）も、公園・広場・空き地の割合（44.8%）も倍近くになっている。

　ここからわかるのは、**思春期年代の放課後のWell-being（楽しさや幸福感）を決めるのは、友だちとの交流と外遊び環境の質量に大きくかかわっており、友だちの家と共に、公園・広場・空き地がそれらを満たす重要な役割を持っていることである。**

3．思春期年代にとっての公園の意義と課題

　では思春期年代にとって公園はどのような意味を含んでいる場なのだろうか。また冒頭の述べたように窮屈な思いはどこから来るのか。今回の公園調査をもとに、さらに詳しく見ていくことにしよう。

（1）思春期年代にとっての公園の意義

中学生にとっても友だちと過ごす重要な居場所

　先に述べたように、思春期年代たちは頻度高く公園で過ごしている。とりわけ部活動で忙しい中学生であっても2割以上(23.5%)は公園で過ごすと回答し、休日となると3割の中学生が公園で過ごすと回答している。これは休日の小学生と同水準である。

　また、公園で誰と過ごすかという複数選択型の質問に対しても、小中学生ともに9割が「友だち」と答え、「一人」と答えたのは2割弱であった。前節で述べた**「友だちと外で思い切り身体を動かしたい、遊びたい」という彼らの思いからすれば、公園はたまに一人で過ごしながらも、放課後に友だちと自由に過ごす重要な居場所なのである。**

多様な他者や自然と出会い交流が生まれるWell-beingな場

　思春期年代は友だちの他に、兄弟姉妹、親や祖父母らと共に公園で過ごしている。そこでは「遊具での遊び」「キャッチボール」「鬼ごっこ」「散歩」「勉強」「凧あげ」「ランニング」「楽器の練習」「電子ゲーム」「木登り」「砂遊び」「泥だんごづくり」「ボートこぎ」「釣り」「登校時の待ち合わせ」など様々な過ごし方、使い方をしている。近場の公園であれば、近所の年下の子どもたちとも遊び、近所の顔見知りの大人とも言葉を交わす。少し遠くにある大きな公園で野球やサッカーをしたり、大きな遊具で遊んだりもする。

　また、散歩やランニングなどもしながら、木陰の心地よさ、木々のあい

写真1　子どもは木々や自然を感じられる公園も好む

だを通り抜ける風の音など、自然の心地よさや清らかさにも心寄せている
姿が明らかとなった。動物と触れ合うことを楽しんだりもし、公園で安息
を得たり、今ここに生きていることの充足感を得たりしている(**写真1**)。
　このように公園では、**思春期年代は自発的自律的に様々な活動とさりげ
ない体験や経験を重ね、心地よい緊張とゆるみのなかで多様な他者・自
然との交流とコミュニケーションを取り、生の充足感を得たりしている。**
それは意図的計画的に人間形成に介入する教育空間や、成果と効率重視
の機能空間、サービス提供中心の消費空間とは異なる、**無意図的で無定
形的、偶発的で流動的な意味空間であり、生命性と存在性が満ちる空間**
である。

**　状況に応じた柔軟な住み分けと譲り合いで成立する公益の場**
　思春期年代は公園で多様な過ごし方をしながら、小さな子どもが来れ
ば、ボールが当たらないように離れたり、別な公園へ移動したり、砂場で
幼児が自分のおもちゃを使おうとすれば、戸惑いながら貸してあげたりし、
状況に応じた柔軟な住み分けと譲り合いもしている。こうした状況に応じ

た住み分けについては公園観察調査や近隣住民へのヒアリングでも確認された。ある近隣住民も「自分もかつては公園や道路からはみだして野球やサッカーをやったりしていたが、小さな子連れの親子がくれば当たらないように離れたり、道路も人や車が来ないかちゃんと気にしていた」という。その意味で、**公園は思春期年代同士、他世代・異年齢と共存する公益の場にもなっている。**

（2）思春期年代にとってのリアルな地域課題・生活課題としての公園

　思春期年代にとって過ごしにくさを感じる公園はどのようなものなのだろうか。アンケートで「過ごしにくい」と答えた割合は2割弱であるが、3割を占めた「どちらでもない」という回答の中には、「過ごしやすいときもあれば、そうでないときもある」という意味での回答もあり、そこには一時的な問題が潜んでいる可能性がある。そのことも留意した上で、「過ごしにくい」と回答した理由（自由記述）を見ていきたい。

思春期年代へのクレームと公園利用者・近隣住民との関係性

　自由記述では「公園のおばちゃんがガミガミうるさくてよく遊べない」「ボール遊びしていいと書かれているのに近所のおばさんにボール遊びするなといわれた」「おばちゃんが監視していてボール遊びができない」「カードゲームをしていたら、幼児の親の方に『公園はみんなの場所だからどいて』と言われました。みんなの場所なのに、私たちがどかないといけない事に過ごしづらいと感じました」といった近所の大人や大人の利用者からのクレームや一方的なルールの押し付けが挙げられている。

　そのほかに「公園が狭い」といった物理的な問題、「木で周りが見えなくて暗い」「虫が多い」「トイレが汚い」「ゴミや犬の糞が落ちていて不衛生」といった公園環境管理の問題、「変な人がいる」「危なそうな大人がいる」「不審者がいる」といった不審者情報が理由として多く挙げられている。

　このように見ると、物理的な問題や公園環境管理問題は行政側である

程度改善可能な範囲であるが、不審者問題や近隣・利用者からのクレーム等については、思春期年代と他の公園ステイクホルダーとの関係性の問題が含まれていることがわかる。そこからは、体格も体力も大人に近づきつつある**「思春期年代」という存在に対しての大人のまなざしや、近隣住民と思春期年代との関係性、地域住民同士のつながりの問題が見えてくる。**

公園ルールによるボール遊びの制約

　もう１つ、公園の過ごしにくさを生み出しているものがある。それは公園の利用ルールの問題である。近隣住民からのクレームに付随して多いのが「ボール遊びができない」という声と「ルールが厳しすぎてつまらない」といった声である。これは「過ごしにくい」という回答の中で３割を超えている。

　このボール遊びの制約の問題について、東京都内では区ごとに公園統一ルールを定めており、幼児が使う柔らかいボールは使用可能だが、硬いサッカーボールや野球ボールなどは使用禁止となっている。ただし、どこまでのボールがだめなのかは明示されておらず、調査した東京都板橋区の場合、統一看板では「危険なボール遊び禁止」とだけ掲示されている。

　一方、「ボール広場」という形で防球ネットやフェンスを貼って、キャッチボールやバスケット、ミニサッカー程度ができる公園は、全395箇所中15箇所のみである。比較として都内大田区の場合も全557箇所中20箇所にとどまる（**写真２**）。

　思春期年代にとってすれば、どこまでが「危険」であるかは主観的なものであるため、「これくらいのボール遊びなら大丈夫」と思ってしていても、周囲の大人（例えば乳幼児連れの親子など）からは「危ない」と判断されて、禁止されてしまうことは想像に難くない。こうして**ボール遊びの制限問題でも思春期年代と他の公園ステイクホルダーとの関係性の問題に突き当たる**のである。

写真2　ボール使用可能な公園の設置割合は5％に満たない

4．公園運営とルール決定過程に思春期年代の意見を反映させる必要性と必然性

---

(1) 思春期年代の共生感覚と公益的思考

　公園のルールについては、すでに多くの思春期年代からボール遊びの制約をめぐって、改善してほしいという声が集まっていることは紹介した。他にも自転車の乗り入れや花火、犬の散歩などについて規制の在り方を再検討してほしいという声があがっている（**写真3**）。

　そこで今回の公園調査ではアンケートを通して「公園の禁止事項や使い方は主に区の公園管理事務所や町内会の大人によって決めていますが、あなたなら公園のルールをどのように決めたいですか。ぜひ意見や思いを聞かせてください」と問いかけ、彼らの思いを自由に書いてもらった。

　そこでの回答内容の内訳を整理してみると①ルールを決める方法をめぐっての回答が535件、②公園全体をどのようなルールにすればよいかの提案が111件、③個別ルール（ボールの使用、自転車乗り入れ、喫煙、花火など）への意見が538件、④「無条件に自由」と回答したのが10件、⑤「わ

写真3 都市部自治体の公園でみられる統一禁止看板

からない」「どうでもいい」と回答したのが10件、⑥その他88件であった。
　回答内訳①では、公園利用者・関係者の意見を聞くことや思春期年代
も交えて話し合うことを挙げたのが468件であった。これは①の回答総数
の9割を占めており、自分たちだけで決めるといった回答は1件のみで
あった。回答内訳②の公園全体のルールをめぐっての意見も上記の分析
と共通し、「みんなが不満なく安心してすごせるように決めたい」「公園を
利用する全ての人の立場になって考える」「その公園を、どの年代がよく
使うかどうか(赤ちゃん、小・中学生等)公園の状態(を見て決める)」「近くに
家があるか、道路があるか、などでルールを決める。町の人の意見を参
考にしていって少しずつルールを調節する」といった回答が多く寄せられ
た。
　また回答内訳③の個別具体的なルールの在り方を見ても、ボール遊び
に関して273件と突出して多いが、その内容を見ると、そのほとんどがど
うしたら他世代・異年齢と共存して公園を楽しく、そして互いができるだ
け自由に過ごせるのか、という観点から考えていることが明らかとなった。
　例えば「大きめの速いボールはだめでドッヂボールぐらいのボールなら

良い(遊具は園児用と小学生用で分ける)」「ボール遊びは、決められた場所ならば可とする。小さい子どもと、中学生以上の遊ぶ場を分ける」「その地域に犬を飼っている人が多かったら犬の散歩を認める公園を多くするなど、地域にあったルールを決める」「菓子のゴミをきちんともってかえること。ペットの糞尿は飼い主が処分すること。遊具の独占をしないこと。各個人の荷物をしっかりもつこと」といったように、自分たちだけの利益ではない、周囲のこと、他の利用者層にも配慮した意見を寄せている。

つまり、**多くの思春期年代は、自分だけの利益を考えているのではなく、「みんながすごしやすい公園にしたい」という、他者との共生と公益的な視点から考えていることがわかったのである。**このことは、**とりわけ小学校高学年以上であれば、大人と共に話し合えるだけの構えがあることを示している**ともいえるだろう。

(2)公園運営とルール決定への思春期年代の参画

これらの結果を踏まえると、**公園運営やルール決定には、思春期年代の意見を反映させる仕組みが必要という結論に至る**。先にみたように中学生も公園利用の重要なステイクホルダーである以上、彼らの意見参加や参画は欠かせない視点である。

例えば、日ごろの公園の手入れを小中学生と行いながら、公園ルールについて一緒に考え、行政や町会に提言していくことも考えられる。また、学校を通して今回のような公園利用アンケートを自治体の公園関係部局が定期的・継続的(例えば2～3年に一度)に実施する。自治体が設置する公園運営に関する審議会やそのワーキンググループに思春期年代も入れる。あるいは地域ごとに小学校高学年から中学生もメンバーに含めた地域公園運営協議会をつくるなども考えられるだろう。

5．信頼と寛容の多世代共生コミュニティ再建に向けて

（1）思春期年代にとっての公園問題は地域コミュニティ再生の問題

　ところで、今回の公園調査で明らかとなったのは、思春期年代も含むさまざまな利用者にとって使いやすい公園になるか否かは、近隣住民、周辺環境との関係性に大きく依存するということであった。

　調査地域のなかには、近隣住民・町会が子ども・若者を見守り、住民からのクレームも町会と行政とで上手く調整しながら彼らの地域の居場所を維持している事例もあった。コミュニティ施設が隣接する公園では、公園前の駄菓子屋のおじさんや近所に住む町会・自治会関係者が思春期年代を見守り、コミュニティ施設職員を通して行政側と地域住民との調整役にもなっていた（**写真4**）。

　その意味で、同世代・多世代間のつながりが衰弱した都市部の地域に必要なことは、思春期年代にも寄り添いつつ、近隣住民の声との調整役にもなれる大人の発掘や大人と思春期年代の顔のつながりを再構築しな

写真4　生涯学習センターが隣接し、駄菓子屋も目の前にあり、地域の大人が温かく見守っている公園

がら、あらためて「地域の大切な子ども・若者たち」という意識を育むことだと考えられる。つまり、**思春期年代の成育環境・外遊び環境としての公園を再生することは、「多世代間の顔の見えるつながりと信頼・寛容のネットワークを育む」という地域コミュニティの再構築そのものである**ことに気づかされるのである。

（2）顔の見えるつながりと世代間の信頼と寛容の関係を育むために

　では、そうした顔の見えるつながりと世代間の信頼と寛容の関係を育むにはどうすればよいのか。最後に、その方策と取り組むべき視点を提言して終えたい。

　その具体的方策は、地域の実情に応じて異なりながらも、さまざまなアイディアが考えられる。筆者が大学で担当している社会教育主事講座を受講している学生たちにもアイディアを募ったところ、以下のようなものが集まった。（以下引用文の下線部分は筆者による）

　　・挨拶運動や交流会、遠足などをして、地域で子どもたちを温かく見守る雰囲気を作る。私の地元は、高齢者の方が一緒に学校の遠足に参加したり、朝、交通安全の帽子をかぶって道に立っていてくれたり、お餅や蕎麦の作り方を教えに来てくれたりしました。私の祖父は、朝児童と話をすることが毎日の楽しみになっているようです。

　　・地域NPOが中学校の生徒とともに行っている、高齢者の救助をするための防災訓練に、近隣の高齢住民の参加をより求めるようにする。高齢者の生徒に対する印象が、「いざとなったら助けてくれる」存在に変われば、公園で遊んでいてもクレームを言われづらいのではないかと思う。

　　・高齢者の方たちと共に、公園の清掃活動を通して、問題になって

いることを共有してみる。騒いでよい時間を区切ってみることで、双方で妥協点を見つけ出す。学校に集まって、ラジオ体操をして交流を図る。

・地域の高齢者の方々に子ども達が昔遊びを教えてもらい共に遊ぶといった場を設けるなどいいのではないだろうか。実際自分の小学校でもそういった取り組みがあり、ベーゴマからめんこ、凧作りなど一緒にやった記憶がある。一緒に遊んだ人のことは忘れないし、挨拶しあう関係になったのを覚えている。

・私が以前住んでいた団地では、団地の自治体がお祭りを開いて、屋台を出したり催し物をすることにより、子どもと大人の触れ合いの場を増やすような活動をしていた。また、管理事務所の横に誰でも使えるようなフリースペースがあり、そこでさまざまなイベントが行われていた。そのためなのか、あまりトラブルがないように感じた。例えば、公園にフリースペースを設置して、話しても音が外に漏れないようにすることや、上記の大人と子どもが関わる機会を増やすことが大切であると思う。

　以上のアイディアのほとんどは、かつて都市部でも存在した地域活動である。例えば公園の清掃活動を一緒にするといった小さな取り組みの積み重ねが、実は地域の大人と思春期年代の安心感と信頼感を育んでいたりする。そのことに改めて注目する必要がある。

　本章で明らかになったように、それらが失われている現在の社会状況が、思春期年代の放課後の居場所や外遊び環境の在り方にも深く関与していることに気づくとき、これからの公園が地域コミュニティ再生にかかわる"地域の居場所"として重要な意味を持っているといえるだろう。

注

1　本調査は児童・生徒へのアンケート調査の他、公園の定点観察記録と近隣住民へのヒアリング調査、放課後子ども教室スタッフ・保護者へアンケートとヒアリング調査等 5 種類の調査を組み合わせて行っている。結果は総務省行政評価局『子どもの居場所に関する調査報告書——子どもの視点から見た公園の現状と今後に向けた提言』2021 年ならびに同省同局『別冊　子どもの居場所に関する調査報告書　公園をめぐる子どもたちの意見』2021 年としてまとめ、総務省 HP 上で公開している。

2　例えば株式会社バンダイ『小中学生の"遊び"に関する意識調査』2018 年、さわやか福祉財団『放課後の遊びについてのアンケート調査』2011 年など。

3　第 11 期神奈川県生涯学習審議会専門部会『神奈川県における放課後の子どもの居場所づくりに向けた実態調査研究調査報告書』2014 年

第4章　都市におけるWell-beingな
子ども環境をデザインする

1．はじめに

　本章では、20代の若者たちの子ども時代の居場所体験をめぐるエピソード記録と、筆者が東京都内で実施した約70か所の公園現地調査[1]をもとに、子どもにとって都市空間や都市型社会がいかに経験され、感じられているのかを明らかにする。

　そのうえで、子どもの成育環境の現代的特徴と課題を描きだし、子どもにとっても居場所となり、Well-beingな成育環境となるまちづくりの在り方について提言する。

2．都市・郊外における遊び環境の変容と居場所の屋内化

　子どもの遊び環境デザイン研究者の仙田満による調査によれば、1955年からの約50年間で、子どもの外遊び環境が大規模に劣化したことがよくわかる[2]。調査対象は横浜市域であり、南部の国際的な大都市エリアと北部の大規模郊外・ニュータウンエリアを併せ持つ現代日本の社会構造を象徴している。そこでの子どもの遊び空間量だけでみても、主要な舞台である自然スペースは1000分の1、原っぱのような身近なオープンスペースは20分の1へと大幅に減少している。また、建設途中の工事現場や廃屋・工場跡などのような、子どもから見たら、探検や冒険、好奇心が

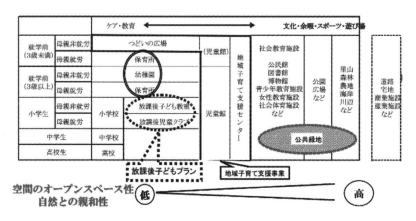

図 7　空間から見た子どもの居場所政策（北村安樹子作成）

喚起されるアナーキースペースはほぼ消滅している。

　また、かつては多種多様な道遊びが展開していた道スペースも10分の1に減少している。一見すると減少の幅は比較的少ないように見えるが、その量的変化よりも質的変化が大きく、路地裏や小路はそのほとんどが舗装され、道幅も広げられて、車中心の"車道"へと変容している。秘密基地づくりの舞台となっていたアジトスペースは空間量自体が少ないが、子どもたちにとっては、大人のまなざしから離れて、自分たちで小さな社会、創造とファンタジーの世界を生み出す空間でもある。この「大人からのまなざしから離れる」というリアルな場が、とりわけ学齢期の子どもの世界ではほとんど消え、常に大人の視線に囲まれた環境で居ざるを得ない状況へと変容している。

　このことは、子どもの居場所に関する国や自治体の諸政策を見ても明らかで、**図7**はそれを可視化したものになっている[3]。これを見ると、乳幼児期はつどいの広場、保育所、幼稚園が居場所となり、学齢期になれば、学校に加えて、放課後子ども教室や放課後児童クラブが居場所となる。これらは空間のオープンスペース性や自然との親和性が低い場であり、ほぼ屋内で過ごすことになる。

　それは、かつての子どもの主要な遊び環境であった、山・川・海・森、原っぱ、路地裏・小路、工事現場・資材置き場といった屋外スペースで展開可能であった多人数での遊び、共同的で身体的な遊び、自由と創造による遊びがほぼ不可能な、制約に満ちた場でもある。

　一方、空間のオープンスペース性と自然との親和性の高い、公園・広場といった公共緑地は、現在、子どもたちの居場所としてどのような状況にあるのだろうか。

3. 機能主義化する生活世界／やせ細る中間の共同世界

　ここまで空間の量的変容は見てきたが、ここからは、子どもの居場所をめぐるエピソード記録を手掛かりに、彼ら・彼女らの経験においてどのような質的変化が生じているのか見ていくことにしよう。

　事例1　小学生の頃、私は毎日のように放課後は野球をやっていた。場所は近所の公園であったのだが、そこは住宅密集地に無理矢理作ったような小さな公園であった。ある日、いつものように野球をしていると、ボールが民家の敷地内に入ってしまった。そのようなことは日常茶飯事であり、近所の人も多めに見てくれていたが、「もうここで野球はするな」というお叱りをもらってしまった。

　その日以来、その公園では実質野球ができなくなってしまった。しばらくして町内会も動き、花壇を作ったり、立札を立てたりすることで、一層遊びにくくなってしまった。結果的に、私の居場所はなくなったに等しかった。学校の校庭では、野球どころか球技全てが禁止、他の公園や広場は近くにはなく、心にスッポリと穴があいてしまった気分だった。（下線部引用者）（**写真5**参照）

「心にスッポリと穴が開く」と語るように、一方的にボール遊びが禁止さ

写真5　球技禁止看板と花壇で動線が切られている公園

れることで、子どもは身体の一部を失うような喪失感を味わっていることがわかる。つまり、慣れ親しんできた遊び場を失うことは、自分の一部を失うことそのものである。いいかえれば、**子どもたちは外遊びを通じて、周囲環境との相互浸透的な関係性のなかで生きている**のである。

　公園をめぐるアンケート調査でも多くの子どもたちが指摘していたことであるが、公園ルールの変更や利用制限が当事者(子ども)不在で大人・社会による一方的なものであるため、どこにも誰にも相談できず、ただ黙って付き従うしかないという状況が追い打ちをかけている[4]。

　子どもたちが外で遊んでいないのは、ボール遊びや集団遊びに都市空間の在り様が規制をかけており、それを子どもが暗黙の裡に感じ取っているからこそ、「遊びたくても遊べない」という状況を作り出しているからである。では、都市型社会はなぜこれほどまでに子どもたちに不寛容になってしまったのだろうか。

　　事例2　自転車で通りを走る時、歩道を走ると、歩行者から<u>邪魔者扱いの視線</u>が注がれる。かといって車道を走ると自動車から遠慮なくクラクションが鳴らされる。その時僕はいつもこの自転車の置かれた

写真6　車道機能中心の都市の道路

状況は、中学生の時期に似ているなと考えたりする。

　中学生には地域に遊び場という場はなかった。もちろんバイトもできないから金もないし、公園では小学生の保護者から冷たい視線。まるで違法駐輪の自転車のように、どこにも止める場所のない自転車のように、学校と家の間の社会に僕の居場所はなかった。それでも中学生には自転車しか乗る物がなかった。（下線部引用者）

　この事例2では、「中学生の僕」が、まちの中でいかに居場所がないか、その要因が何かを明示している。道は車道と歩道に分けられ、自転車にしか乗れない中学生は居てもよい場所が見つからない。歩行者からは冷たい視線を向けられ、車からはクラクションが鳴らされる。歩行者も車の運転手も決して悪気があってのことではないだろう。**都市・郊外の空間デザイン、道路の機能性それ自体が歩行者と走行車以外の多様な存在、あいまいな存在を許さないように設計されている**ために、こうした事態が否が応でも生まれる結果を招く（**写真6**）。こうして自転車しか乗れない中学生が「学校と家の間の社会」から排除されるのは、かつての顔の見える地域コミュニティが、匿名の他者で構成される機能性重視のシステム世界に

写真7　交流・ふれあいの小道

とって代わってしまったことが大きな要因であることがわかる。

　それは**写真7**の道と見比べてみればより明確になるだろう。ここに写る道は、そこに暮らす人々が行き交う生活の道であり、声を交わし、ゆずり合いが生まれる場でもある。道端には草木も生えて、子どもたちは道草遊びをしたり、虫や小動物との予期せぬ出会いや戯れも生じうる「偶発的な体験」に満ちた世界でもある。そこにあるのは排除ではなく、さまざまな顔の見える生身の人間同士の交流と、自然界の多様な生命との出会いやふれあいである。またそこは近隣に暮らす人々のコミュニティ空間であり、プライベートとパブリックの中間に位置する、〈顔の見える中間の共同世界〉である。

　それに対して**写真6**の道の主な機能は「車道」である。それは、より早く、より効率的に目的地へ移動することを主目的とするような、目的志向の機能空間である。そのような道スペースの意味や価値からすると、遊びやふれあい、交流の入り込む余地はなく、それに伴って子どもの居場所も生まれにくい。

　このように生活空間の微に入り細までを使用目的に沿って機能分化さ

**図8　二つの世界の相補的な関係に根差した Well-being
な成育環境イメージ**

せ、制度化し、人々の行動を空間的にも制御する都市計画の在り方は、子どもの居場所の観点からすると、かなり窮屈な状況を生み出していることがわかる。それは、子どもからすると、あらかじめ「居てもよい場所」「ふさわしい場所」が決められているため、何ともいえない所在のなさと居心地の悪さを感じさせるのである。

　現代の子どもは生活世界の機能主義化の進行に伴い、より一層教育的配慮の行き届いた場へと囲い込まれている状況にあることは、すでに**図7**でも確認したとおりである。逆にいえば、これからのまちづくりにおける子どもの Well-being は、「**子ども**」「**自然**」「**生命**」「**遊び**」「**ふれあい**」「**交流**」といった、**都市空間からは周縁化されている生の諸側面に対して寛容であり、それらをとおして多世代間の存在承認が生まれる場**（中間の共同世界）**を再建できるかという点にかかってくる**といえる。このような成育環境の全体イメージを示したのが**図8**（ならびに**口絵3**）である。そこで次節

では、この世界の再建に欠かせない視点とその意味を検討してみたい。

4．子どもの居場所が生まれる場の意味

（1）子どもが好む公園の特徴と Well-being な成育環境としての条件

　3 章でも取り上げた公園利用実態調査では、小中学対象に実施したアンケートから明らかになった利用頻度の高い公園を約70か所抽出し、追加の現地調査を行った。そこに「過ごしやすい公園はどのような公園か」という質問への回答結果を重ね、「子どもが好む公園の特徴」を整理したのが**図9**である。

　図を見てわかるように、6 つに分類された各要素は両義的な内容で構成されている。例えば、子どもたちは「場所の分かりやすさ」も重要であるが、「ほどよいわかりにくさ」もまた重要である。多くの友だちと遊ぶには、わかりやすさが重要であるが、あまり多くの人に知られたくない、自分たちだけの場所であったり、自分ひとりだけの秘密の場所であったりする場所も大事なのである。「近さ」と「ほどよい遠さ」というのも、日常的には家の近くですぐに遊べてすぐ帰れる場所として重要であるが、たまに学区を越えて、都立公園や交通公園のような大型遊具や広い芝生などがある公園に遠征して気分転換をする場も大事であったりする。大人数で遊ぶには「広々としたスペース」は重要であるが、少人数や一人であるときは、広すぎる公園は逆に不安を喚起し、「ほどよい狭さ」が安心感を生む。その意味で、「みんなでいられる空間」と「一人でいられる空間」の要素と公園の広さは関連している。このことは、「明るさ」と「ほどよい影」、「開かれる場」と「隠れられる場」の要素とも関連している。子どもはいつも明るく開かれた場だけを好むわけでもない。ときには木陰の心地よさ、木々のあいだを通り抜ける風の音など、自然の心地よさや清らかさにも心寄せて、公園で安息を得ていたりするのである。

　このように、今回の調査から見えてきたのは、①子どもにとって、公園

```
①　場所のわかりやすさ／ほどよい分かりにくさ
②　近さ／ほどよい遠さ
③　広々としたスペース／ほどよい狭さ
④　みんなでいられる空間／一人でいられる空間
⑤　明るさ／ほどよい影
⑥　開かれる場／隠れられる場
```

図9　子どもが好む公園の特徴

は多様な他者や自然とのふれあい、顔の見えるつながりが育まれる放課後の重要な居場所であること、②それは彼ら・彼女らにとって生の回復と生命感覚が満ちる Well-being な空間であること、③また、小さい子ども連れの親子や高齢者がいれば、そこから移動してボール遊びをしたり、場所を譲ってあげたりと、状況に応じた柔軟な住み分けと譲り合いで成立する公益の場(コモンズ)でもあることであった。

(2) 影の場の意義

　ところで、図9の⑤⑥に挙げてある「ほどよい影」「隠れられる場」というのは、とりわけ思春期年代以降にとっては特別の意味を帯びている。これは世間のまなざしから離れて、自分を取り戻す、いわば己の生の全体性を回復させる意味を含んでいる。このことについて、臨床精神医で思春期外来を開設してきた青木省三は次のように述べる[5]。

　あえて『影』となっている時と場を『非行の温床になる』として安易に奪わないことである。(中略)もし、そのような時と場が奪われると、青年はおとなのまったく目の届かない『闇』に、本当に危険な時と場に自分の居場所を求めるようになるだろう。(中略)強制的な参加や運営をやめ、青年の自発性を尊重する場に、すなわち何もせずにぶらぶらしてもよい場になる必要がある。

写真8　ある青少年交流センターの一角

　ここで青木が指摘する「影」というのは、大人の目が全く届かない「闇」ではない。「影」はあたかも陽の光から少し隠れて木漏れ日を感じられるような絶妙な中間の領域のことを指している。

　思春期・青年期はとりわけそうであるが、大人にとっても常に他者や社会のまなざしに晒されること、明るみに居続けることは精神的に苦痛である。その意味で木陰のような場は、安息を得て、生の全体性を回復するうえで欠いてはならない側面である。都市計画において、「闇」を恐れるがあまりに、あるいは「無駄」をなくそうとするがあまりに、こうした「影」さえも徹底して排除すれば、子どもだけでなく大人も含めて生きづらさが増幅するだろう。

　子どもにとってすれば、この「影」となる場は、大人のまなざしから半分隠れて半分見えるような場である。例えば**写真8**にあるように、ある青少年交流センターではホワイトボードとチラシ用ラックで半分見えて半分隠れるスペースが設けられていた。そこにはちゃぶ台が置かれ、中高校生利用者がおしゃべりしたり、カードゲームに興じたり、リラックスできる〈縁側的空間〉であった。

　こうした「影」の場が成立するには、人間の生の陰影や、ほどよい距離

感を認める関係性があってこそである。ではそのような場を支える関係性
はどのようなものだろうか。

---
5. 顔の見える中間の共同世界を育む──ナナメの関係・冗談関係の復権

　かつては都市部でも、駄菓子屋のおじちゃんや近所のおばちゃん、ジュ
ニアリーダーのお兄ちゃんやお姉ちゃん、青年団のお兄さん、お姉さんな
ど、血縁者以外の社会的おじ・おば、社会的兄姉といわれる人々が存在
していた。そうした人々が取り結ぶ関係性は社会教育・児童福祉分野で
は「ナナメの関係」と呼ばれ、子どもの育ちに重要な関係性として認知され
てきた。それは、ときに親に相談できないことも親身に聞いてくれたり、
子ども同士のいざこざの調整役になってくれたり、ときにふざけ合うよう
な関係であったりと、友人でも親子や教師生徒関係とも異なる関係性であ
る。このような柔軟で奥行きのある関係性を文化人類学では「冗談関係」
(joking relationship) と呼ぶこともある。それはからかいや冗談をあえて子ど
もに仕掛けたり、子どもからの意地悪も受け流したりする遊びのある関係
性を指す。むしろ子どもからの意地悪を大人の側が積極的にけしかけ、受
け止めていく懐の深い関係性である。例えばアニメ「ちびまる子ちゃん」に
登場する友蔵おじいちゃんと主人公まる子との関係にそれが見られる。友
蔵おじいちゃんはまる子と日頃からくだらない冗談を言い合いながら、全
面的に孫のまる子に愛情を注いでいる。こうした生活に溶け込んだ、ゆる
みのある関係性があったほうが、人間同士、多世代間に生き生きとした関
係が生まれやすい。

　子どもの側からすれば、偶発性に富んだ体験や学び、フォーマルな服
を脱いだ大人と共に過ごす時間や空間はかけがえのない存在充足をもた
らす。大人もまた子どもの生命の躍動に触発されて、生きていることの充
足感を得るのである。

　このような生き生きとした関係性を実現させ、継続させていくには、機能性重視の世界観を相対化して、インフォーマルなふれあいと交流がそこかしこに発生しうる、影とあいまいさやゆるやかさ、自然との親和性を含んだ場のデザインが求められる。

注
1　3章で取り上げた公園利用実態調査の一環で実施したもの。総務省行政評価局『子どもの居場所に関する調査報告書──子どもの視点から見た公園の現状と今後に向けた提言』、2021年3月発行ならびに同省同局『別冊　子どもの居場所に関する調査報告書　公園をめぐる子どもたちの意見』、2021年3月発行。
2　仙田満『こどものあそび環境』、鹿島出版会、2009年
3　北村安樹子「『空間』からみた子ども政策」、第一生命経済研究所『Life Design Report』、2008年、39頁
4　3章3節(2)を参照されたい。
5　青木省三『思春期こころのいる場所──精神科外来から見えるもの』岩波書店、1996年、31頁

第5章　都市における若者・大学・NPOの地域協働活動

　現在日本の地域社会で若者の力が認められ、発揮できる土壌はきわめて乏しいといわざるをえない。その理由の1つは地域に埋め込まれた世代継承と次世代育成の機能が不全化している点である。それは産業社会化に伴う都市への若者流出と高齢社会化によって、地域から巣立った若者たちが着地すべき地域の居場所自体が大きく切り崩されてきたことにある。2つ目の理由は、地域共同体側にある、若者個人の自己決定性や自己選択性を否定する排他的共同性や惰性、因習という問題である。それが若者層の都市流出と、ひらすら個我の欲望を拡大させる消費文化と郊外の形成を後押ししていった要因でもある。3つ目は、世代を問わず人間が「個人化」し、浮遊的(ノマド的)に生きなければならなくなっている点である。それは都市化・郊外化と情報・消費社会化が一層進行したグローバル社会化において、共同体的絆が前提とされない中をわれわれが生きざるを得なくなっているからである[1]。

　若者の地域参画とは、この失われた社会・地域の次世代育成機能を別な仕方で再生させ、持続可能なコミュニティと若者層の参加と共生を創生する意味を担っている。それは伝統的共同体への回帰ではなく、「記憶としての地域」に接続しつつ、アトム化した個人同士を相互貢献的関係にひらき、多様な個人によって共生可能なコミュニティへと組み替えて行くという、前近代社会と近代社会を踏まえた課題意識と展望を持つことでもある。それは教育学者の田中智志が指摘するように、我々がすでに「伝統

的共同体を近代的個人主義の論理で克服した上で、さらにその近代的個人主義を批判し」、乗り越えるという「二重の責務」を負わなければならない時代状況を生きている理由による[2]。それゆえ、そうした課題意識と展望を基底に持ちながら、若者が他者と相互承認し、互いの生の共存性に気づき、自らの生の充溢と共に、社会をつくる存在として参画意志が生まれる場を構想することが参画支援の方法的課題となってくる。

　ではどのような地域参画実践と支援の可能性があるのか。ここでは2008年から2010年にかけ、東京・世田谷区下北沢で実施された大学生有志によるまちづくり実践を事例として、若者の地域参画が若者と地域・社会にもたらす意味を探ってみよう。

1．暮らしの記憶へのつながりがひと・まちをつなげる

　「火の～用～心！マッチ一本、火事の元！」東京・世田谷区下北沢のある商店街。鳴り響く打ち木の音と共に、20歳前後の若者たちと、乳幼児を抱えた母親、2歳から4歳の子どもたちが練り歩く。これは都内の大学に通う若者たちが企画し、毎年2月中頃に、3日間通して行なった「若者によるまちづくりアクションプラン」（以下、「アクションプラン」と略す）の光景のひとつである（**写真9**）。

　毎日同じルートを同じ時間帯で、3日間打ち木を鳴らし、子どもたちや母親たち、そして街に遊びに来ている若者も巻き込みながらの防火活動。道行くお年寄りからは「こういうことは大事なことだ」と声をかけられる。お店の女将さんらが、若者たちと子どもたちの声に仕事の手を止めておじぎをする。わざわざ店先にでてきて一礼したり、「ご苦労様です」と声をかける大人たちの多いことに、声掛けをしているこちらが驚かされる。

　「火の用心」と声をかけ、コミュニティ全体で他者の安否を慮る習慣も、都市化と高齢化がすすむ中では、消え行く営みになっている。社会教育研究者の久田邦明は「地域共同体の記憶を語り継ぐ」と表現するが、彼ら

写真9　若者たちが街の暮らしとつながる商店街での防火活動

が選んだ活動は、新奇なアイディアよりも地域の記憶を受け継ぐ、誰もが
かつて親しんだものだった[3]。そうした人々の暮らしに沁み込む記憶に触
れた時、街は生き生きとした表情をみせたのである。

2.　サービス関係から離脱する純粋贈与の訪れ

　アクションプランの最終日。彼らの身体にようやくなじんできた街の風
景とも別れを告げる頃、お菓子屋さんのおばあちゃんが店先の道路の反
対側に立って待っていた。「毎日ごくろうさまだねぇ」そういって防火活動
に参加していた4歳の女の子に、雛あられをごほうびにと渡してくれたの
だった。声掛けしていた一行には予想もしなかったささやかな出会いとふ
れあい。その場に立ち会った人々の心を温かくさせる光景が舞い降りた瞬
間であった(**写真10**)。

　ボランタリーな活動が生み出すこうした出来事性を経済学者の金子郁
容は「報酬」と名づけ、「とくにうれしいと感じるのは、それが、契約に指

写真10　子どもに雛あられを手渡す駄菓子屋のおばあちゃん

定されたとおりに予定された人から得られたものでも、権力によって、強制によって得られたものでもなく、思いがけない人から、思いがけないときに、思いがけない形で与えられるからである」という[4]。

　こうした純粋贈与の訪れは、対価交換で結びつくサービス関係や、合理的な損得勘定をベースにした"win-win関係"に回収できない。それは別な生の現実がもたらすアクチュアル(actual)な関係性である[5]。

地域のお年寄りの存在論

　ところでここには地域のお年寄りの存在論というもうひとつの側面も見出せる。〈お年寄り〉は子どもが地域に生きるうえで重要な他者である。両者は共に地域を等身大で生き、地域の何処に誰が居るのかを良く知っている存在でもある点で親和性を帯びている。さきほどの田中が言うように「互いに面識があり、互いに共存しているという生活世界があれば、人は自分のことをほっておいても、隣人の窮状を救おうとする」[6]意味で、子どもとお年寄りは相互救済的存在でもある。ときに地域のお年寄りが、小

さな子どもたちの見守り役として無条件に受容し、応答してくれる居場所を果たす存在でもある。それは駄菓子屋のおじいちゃんやおばあちゃんが、地域の居場所であったり、親や教師とは異なるまなざしで子どもの成長を近くで見守り、何かと子どもの世話をしてくれる存在でもあったりしたことからも見て取れる。それは、青壮年男性モデルによる生産力中心の世界を描いてきた近代社会からは見落とされてきた、別の生の営みでもある[7]。

3．社会的兄・姉との"ナナメの出会い"でひらかれる関係

　若者が大人と子どもの間にはいることは、地域の相互支援的で相互貢献的な関係をさらに力強いものとする可能性をもつ[8]。それは先ほどの防火活動の介在役となったのが若者たちであったことからも言える。

　彼らはアクションプランの3日間、子育て支援NPOが運営するコミュニティカフェを拠点として、お昼は喫茶店、午後は「臓器移植講座」や「子育て支援講座」といった現代的課題を扱う講座から、夜は居酒屋タイムを用意して、地域やさまざまな人々がつながる仕掛けづくりを行なった（図10）。場所柄、昼間は若い母親が乳幼児を連れてやってきたが、とくに講座や食事の時間帯には並行して若者たちが見守り保育を行ない、母親だけで参加できるように工夫もしていた。やってきた母親の中には、「なんだか居心地よくてつい居てしまった」と、昼間の時間帯から夜の居酒屋タイムまで過ごすこともあった。

　一緒についてきた1歳の男の子も、最初は母親にしっかりしがみついて、離れようとも目をあわせようともしなかったが、次第になじんでくると周囲を見渡していた。それに呼応して学生スタッフが目を合わせると、興味深げに身を乗り出して近づこうとし、手を広げて抱っこを試みると、すんなりと母親から離れたりもした。抱きかかえられた男の子も周囲に関心を示し、指差し行動をさかんにとり、母親の視界から離れても動じなかっ

	2月○日	2月△日	2月□日	見守り保育
10:00	読書講座（読み聞かせ）〜15:00まで 希望者ありで随時開始			1歳以上
11:00	卵ボーロ作り 800円/組、予約8組	卵ボーロ作り 800円/組、予約8組	卵ボーロ作り 800円/組、予約8組	3歳未満 （3歳以上 要相談）
12:00	＜ランチメニュー＞　カレー　400円　　おにぎり小3コ　100円			
13:00				
	13:30〜14:30　講座　予約10名　当日参加OK			
14:00	臓器移植	裁判員制度	子育て支援	
	準備			
15:00	工作タイム　お父さんと一緒につくろう！（予約制）4歳〜小学生 ●牛乳パックを使って車を作ろう			
16:00	●キラキラバッチ　　　●紙パック車 300円/組、予約8組　当日参加OK　前講座参加者希望参加あり			
17:00	片付け／夜の部準備			
18:00	防火活動で下北まちめぐり＋のっぺい汁(無料)			
	夜の部スタート（飲食だけでもOK）			
19:00	ミニ講座／随時開催 ・年金問題	おつまみ　　一品300円		
20:00	・株 ・Disny情報	ジュース類　　　100円 アルコール類　　300円		
21:00	・吹奏楽講座			

図10　ある年に実施された若者によるまちづくりアクションプランの日程表

た（**写真11**）。

　この光景に驚いたのは母親だった。それは普段から人見知りが激しく、母親の身からくっついて決して離れなかったわが子が、あまりにすんなりと、出会ったばかりの他人の懐にすっぽり納まったことへの驚きからだったという。むしろ、離れてみて、いつも胸にしがみついているはずのわが子がいない寂しさと愛おしさを感じたという。

　母子分離がなかなか上手くいかない、上手くできないことは、子育て問題でよく取り上げられる。上手くいかない

写真11　若者スタッフに抱っこされる乳児

ことに、母親自身も焦る。その焦りがわが子に伝わり、両者の不安が増幅する。匿名的な都市型社会で、子育て中の親が孤立感を深め、かえってわが子との関係に依存してしまうことと表裏一体とも言われる。

　そうした子育て状況において、実家の親でもなく専門家でもない、「ナナメの関係」を取り持つ他者の存在は、都市化・産業化が進む地域にあってもなお子どもの周囲に息づいていた。駄菓子屋のおばあちゃんやおじいちゃん、紙芝居屋のおじさん、子ども会の世話役の大人、青年団のお兄さんやお姉さん、子ども祭りの世話人といったように、それは"社会的おじ・おば"や"社会的兄姉"といわれる子育てエージェントであった。この事例が教えるのは、社会的兄姉としての若者の存在が、密着化した親子関係を開いていく契機となったことだ。

　3年間取り組んだ若者たちのアクションプランでは、そうした小さな奇跡がいくつも起こった。家では全く口にしようとしないのに、学生たちが朝から仕込んだホワイトシチューを黙々と食べる幼児。お兄さんたちの声に触発されて、大人しかった子どもたちが「火の用心！」と目一杯の声で街

を歩く姿。社会教育事業でもアプローチが難しいとされる中高校生たちもコミュニティカフェにやってきた。

　若者たちが教えてくれたのは、今なお変わらぬ若者の〈力〉であり、彼らの参画機会が保障される場においては、大人と子どもの関わりの質的変容や地域コミュニティの活性化を生み出す力を発揮するという事実であった。

---

4. 若者の参画意欲を育む試み――大学授業とNPO・地域の協働

　さて、このような若者たちのアクションプランも、最初から関心のある若者たちが集まったわけではない。ほとんどは一年前まで地域づくりや社会参画に関心を寄せたことのなかった若者たちである。そこには一年間の授業を通した他者との関係づくり、若者たちの参画意欲を育むことを意識した大学の取り組みが背景にある。

自立的かつ共同的な関係性を体感的に学ぶ――「お友だち」関係からの脱却

　授業では若者の地域参画にむけ、自己と他者との相互貢献的な関係を築き、他者と共同決定していく力と関係性を養うことを第一の目標としていた。

　そのため、グループワークトレーニング（以下、「GWT」と表記）を積極的に活用した。ただし、ここでいうグループの機能は、暗黙の規範である「和」で個性を抑圧する意味ではない。近年の若者の人間関係の特質を分析した社会学者の土井隆義は、「友だち地獄」と名づけ、そこにはらむ問題性を指摘しているが、若者にとって他者と関わること親密になることは、決して互いの自己が開かれた関係をつくることではない[9]。彼らの語る「仲良し」「友だち」という言葉は、抑圧的な親密圏を形成し、閉鎖的な島宇宙の中での同化関係・共依存関係として機能していると土井は指摘する。それゆえ、若者の参画支援ではそうした閉鎖系の人間関係をいかに開放系

に変えるかが課題になる。グループワークは、この閉鎖的規範的な集団性を壊し、開放系システムへ転換し、グループ（小集団）の力で成員の成長を促しつつ、相互貢献的集団性を目指すことが主眼にある[10]。

　例えば、「ペーパープレゼント」というGWTがある[11]。これはまず5〜6人のチームを作り、4人がプレーヤー、1人〜2人が観察者になる。プレーヤーには異なる形のピースを5枚づつ手元に配る。プレーヤー同士は制限時間内に、あえて無言でピースを交換しながら、大きさも形も同じ図形を5つ完成させていく。その際、相手から必要なピースを勝手に取ってはならず、ほしがるジェスチャーもしてはならない。あくまで自分から相手（他のプレーヤー）にとって必要と思われるピースを「プレゼント」するのが原則になっている。観察者は、プレーヤー同士のピース交換の過程を記録用紙に記入していく。それを後のふりかえりで、メンバー同士の関係性と個々の動きを客観的に見つめ直す素材として活用する。

　実際にやってみると、自分の手元のピースにばかり集中する者や、他人のピースをほしがろうとする者、全体でピースが回らずにいらだつ者など、さまざまな反応がでてくる。1回だけでは制限時間内にほとんどのチームが完成に至らない。そのためふりかえりの時間を設け、チームで失敗要因を分析し、2回目のチャレンジに向けて改善点を話し合わせる。

　ふりかえりでは次のような意見が出てくる。「自分のピースだけ見ていてもだめで、メンバーにも気を配りながら、積極的にピースを渡すことも必要だ」、「自分は渡すほうに気が取られて、あんまり意味のない紙を渡したところがあったので、今後は気をつけよう」、「まず自分の中でしっかり考えてから周りを見たほうが、自分が何をすべきなのかがしっかり見えてくる」など、自己と他者との協力関係や全体を感じて独自に動くことの必要性に気づいていく。

　　一人の人に負担がかかっても、全体としてよいものは出来ないという考えは、画期的であった。私は普段、他人が困っていると、助けて

あげたいという気持ちが働き、他人の分まで手を出しそうになるが、時には待ってみたり、全体像を意識しながら動いていくことが必要だと思った。

「自己を他者にひらき、互いに自立的かつ共同的な関係をつくる」という感覚を体験させながら、複雑性を帯びた日常で流しがちな側面をふりかえりを通して「見える化」させていく。しかし、これは「ゲーム」という非日常的で抽象化された実験室モデルの経験にすぎないため、具体的な生活場面で実践していく場が必要になってくる。そのため、授業ではフィールドワークと年間３回のプレゼンテーションを実施し、課題に取り組みながら、チームビルディングを行なった。

経験の受難が参画への情熱（パッション）を生む

　３回のプレゼンテーションでは、それぞれ、①地域の学習文化活動情報を集め、分析考察すること、②地元行政の予算状況や社会教育・生涯学習計画を調べ、地域の生活・学習課題を分析考察すること、③あらゆる経験・知識を総合し、自分たちの「まちづくりアクションプラン」を構想すること、を課題としている。このプレゼンテーションは、社会教育・生涯学習の基礎を成す内容を自分たちで調べながらつかみ、その過程で、相互貢献的なメンバーシップ（チームワーク）と互いの表現力を高める仕掛けになっている。

　加えてプレゼンテーションという経験を経ることで、若者たちの中にパッション（passion）が生まれることを願っている。そもそも passion は「情熱」と「受苦・受難」の意味を含む言葉だが、哲学者の中村雄二郎は、経験それ自体が受苦的な側面をもちあわせ、それが強い感情を湧き立たせることに注目し、「経験において学ぶ」契機を次のように捉えている。経験が「一人ひとりの生の全体性に結びつく」には、何かの出来事に出会い、能動的に振舞うだけではなく、そこに「身体をそなえた主体として他者からの

写真12　チームでプレゼンテーションを行う

働きかけによる受動＝受苦をこうむる」という契機をはらんでいなければ
ならない、と[12]。それゆえ生の全体性に結びついた経験の場をデザインす
るには、①他者と主体的・能動的にかかわれる場をつくること、②他者か
らの率直なフィードバックを得ることが重要になると考えた[13]。

　プレゼンテーションは、他者にむかって自らの存在を表し出すことを迫
る。それゆえ身近な他者との親密圏に留まっている若者にとっては、相応
の勇気と覚悟が求められる。さらに発表メンバー以外は観客（他者）となり、
コメントや質問を投げかける役を負うため、観客の反応はまさに彼らに
とっては受苦性を孕んでいる。逆に観客側に回った学生たちも自チームに
はないアイディアやパフォーマンスに出会い、感心し、ショックを受けた
りもする。どのチームも同じ課題であるだけに、互いのまとめ方や発表方
法への関心も高い。コメント用紙に書かれた率直な内容に、力をもらった
り、ショックを受けたりと、読んでいる目の色も変わる。それゆえ、プレ
ゼンテーションは1回だけでは、まさに生まれ出ようとする情熱の行き場
（生き場）がない。そこで得た経験（受難と情熱）を次の行為（パフォーマンス）
に生かすために、さらに2回のプレゼンテーションを行なった（**写真12**）。

地域・社会を担う「本物」の人々と出会う

　最終プレゼンテーションは、地元青少年委員やまちづくり行政に携わる卒業生、区内で子育て支援活動をするNPOスタッフ、企業勤めをしている地域住民を前にしての審査会を兼ねて実施した。そこで最優秀プランに選ばれたものが、その年度に実施されるアクションプランの基本となる。学生たちは、1ヶ月半かけて下北沢の地域性や地域課題などを調べ、会場となるコミュニティカフェの間取りと設備に応じて実施可能なプランを立てる。独立採算による収支計画書と広報戦略、チラシ案も添え、できあがったプランを企画書としてまとめ、発表する。そこには一年間学んできた知識やこれまでの経験知が惜しみなく投入される。今度はシミュレーションではなく、「本物」の社会人に見てもらうがゆえ、学生たちの取り組みは真剣そのものである。しかし、どんなに彼らが綿密に調べて分析したと思っていたことでも、それが実際生活の視点からは机上のものであることを指摘されたり、プランの中で想定されている参加者像のあいまいさや、理想と収支バランスのちぐはぐさをつかれたりする。そこには地域・社会の担い手である「大人」との出会い、社会をつくりだしている「社会人」との真剣勝負の出会いがある。それが若者たちのさらなる passion を後押ししていった。

若者と大人の葛藤関係調整と NPO・地域との協働

　このような審査会も、若者たちの地域参画支援にとっては重要な仕掛けの1つである。それゆえ、審査メンバーにはこれが若者の社会参画支援であることを伝えて、そのつど合意形成を行なった。また、プランの実現可能性は重要ではあるが、若者のチャレンジ精神を最大限評価してほしいこと、仮に企画が失敗に終わったとしても、彼らがそれを自ら企画してやろうと意思する以上、大人の側から口出しや手出しは極力控えてほしいことを伝えた。

　しかし、実際に「目を離さずに手を離す」という距離感を保つことは、忍

耐を要した。若者を育成しようとしたり支援しようとしたりする意識が強いほど、かえってパターナリズム（保護主義）に陥ったりもする。若者の地域参画支援には、若者を共に地域・社会をつくる仲間として認め、パートナーシップを築く関係への転換が求められるが、それは大人側にとって容易なことではない。しかし、それゆえ、若者と大人の間に立ちながら、若者の意思を実現化できるように、できるだけ彼ら自身で組み替えることのできる空間と時間を確保したり、大人と若者の共同決定の際にも、大人側の支配性と権力性を極力排除しながら、若者の意見を正当に評価し、後押しできる〈別な大人〉が必要になる。大人同士の協働に向けた、たゆまぬ対話的関係の積み重ねと信頼形成などが支援者側に求められる。

　以上、若者の地域参画実践の意味と支援方法をめぐり、事例からの学びを述べてきた。アクションプランをつくった学生の中には、その後も出会ったNPOや地域の人々とつながって、自分たちで動こうとしている者も出てきている。協働したNPO側も、学生たちとのかかわりに触発されて、学生向けのライフプランニング支援の講座を開いたり、乳幼児を持つ母親と学生たちで子育て支援マップをつくるなど、多様な活動へと展開していった。若者たちが、NPOや地域の人々とのつながりにおいて、大学・アルバイト・サークル以外の別な社会的足場を獲得しようとしている。こうした若者自身の社会関係の広がりが、さらなる居場所を生み出し、そこを足場に社会・地域参画への意欲を強めていくことを願うばかりだ。

　もちろんすべての若者がそうなるとは限らない。どれだけ参画支援の場をつくろうとも、ここで述べてきた「経験」それ自体が意図的計画性を拒むものだからだ。それでも丹念に環境を整え、贈与の訪れを待つ。教育とはそういう仕事ではないだろうか。

注

1 Z.バウマン『リキッド・モダニティ——液状化する社会』大月書店、2001年。
 バウマン『リキッド・ライフ——現代における生の諸相』大月書店、2008年

2 田中智志『教育学がわかる事典』日本実業出版社、2003年、79頁

3 久田邦明「安心して暮らす地域社会をつくるために」(社)全国社会教育委員連合編『社教情報』No.62、2010年、久田「草の根の青少年育成活動——地域の記憶を語り継ぐ」(社)青少年育成国民会議『青少年』2003年2月号。

4 金子郁容『ボランティア——もうひとつの情報社会』岩波書店、1992年、155頁〜156頁

5 矢野智司は、近代教育学において「純粋贈与」という事象が問われてこなかった点を指摘し、市場交換モデルで教育事象や体験活動が回収されえない人間の生の深みを描き出している。矢野『贈与と交換の教育学——漱石、賢治と純粋贈与のレッスン』東京大学出版、2008年

6 前掲、田中、79頁

7 中村雄二郎『死と生のレッスン』青土社、1999年

8 実践例として「"いざ"の時、頼りになる中学生たち」『おとおさんの活動事例集』さわやか福祉財団、2005年を紹介したい。日中に地域で災害があったとき、頼りになるのは中高校生の"若者たち"であることを認め、世代間の相互支援的関係の再構築を示した好例である。

9 土井隆義『友だち地獄——「空気を読む」世代のサバイバル』筑摩書房、2008年、土井『「個性」を煽られる子どもたち——親密圏の変容を考える』岩波書店、2004年。

10 「グループワーク」はもともと戦後、アメリカによる日本の民主化政策の一環で行なわれた IFEL(教育指導者講習会)を通して青年活動の方法として紹介されたものが原型となっている。近年では、開発教育・環境教育・美術教育・演劇教育など広く取り入れられ、互いにはじめて出会う他者に安全に自己を開き、関係をつくる技法として再評価されている。 グループワークや参加型学習のさまざまな手法を紹介している本として、日本レクリエーション協会編『新グループワーク・トレーニング』遊戯社、1995年、廣瀬隆人・澤田実・林義樹・小野三津子著『生涯学習支援のための参加型学習のすすめ方——「参加」から「参画」へ』ぎょうせい、2000年などが参考になる。

11 「ペーパープレゼント」は前掲、『新グループワークトレーニング』でも紹介されている。

12 中村雄二郎『臨床の知とは何か』岩波書店、1992年、62頁〜65頁

13 経験の受苦性とは「あえて理不尽な経験をさせる必要がある」という意味ではない。野田恵が指摘するように、「何のためにやっているのかわからないけれど、やれといわれたからやっている」行為や、「その行為を行なっている今現在全く

充実していない、苦痛でしかないような行為」は「欠如的経験」にしかならないからだ。野田恵『環境教育における「経験」概念の研究——農山村における自然体験学習の経験主義的基礎づけ』東京農工大学大学院連合農学研究科博士論文、2010年、144頁。

第III部

生命性・存在性の世界と
地域青少年育成活動

第6章　地域青少年育成活動の現代的意義と
自立の問い直し

---

1. 子ども・若者の成育環境の現代的特徴

(1)個体の能力開発で構成された世界

名称	機関・プログラム	年
生きる力	文部科学省	1996
エンプロイヤビリティ	日本経営者団体連盟（日経連）	1999
リテラシー	OECD-PISA（生徒の学習到達度調査）	2000-15（3年おき）
人間力	内閣府（経済財政諮問会議）	2003
キー・コンピテンシー	OECD-DeSeCo（コンピテンシーの定義と選択）	2003
就職基礎能力	厚生労働省	2004
社会人基礎力	経済産業省	2006
就業力	文部科学省	2008
21世紀型スキル	ATC21S（インテル、シスコ、マイクロソフト）	2010
21世紀型能力	文部科学省（国立教育政策研究所）	2012

図11（口絵6）　経済産業界から期待される能力概念の一覧

　青少年育成・支援は、この10年で大きな転換を迎えた。戦後、長らく青少年施策の柱は健全育成と非行対策であったのが、包括的な子ども・若者支援へと転換したからだ。その契機となったのが2009年（平成21年）に制定された「子ども・若者育成支援推進法」である。また、ひきこもりやニートが社会課題となり、「生きづらさ」「貧困」「自立」「居場所」が青少年施策のキーワードとなったことが大きい。

　では、こうした国全体の青少年施策の転換の社会背景となる、現在の子ども若者の成育環境の特徴はどのようなものか。

　図11（**口絵6**）は国や経済界が提唱してきた、子ども・若者が将来獲得すべき能力概念についての一覧である。これらを見ると、個人の能力発達に対する、国や経済産業界からの過剰ともいえる期待が注がれてきたことがわかる。文部科学省が1996年に提唱した「生きる力」は、グローバル経済社会を背景として、絶えざる社会変化に適応する能力として登場している。これが基本形となり、その後もさまざまな能力概念（例えば「リテラシー」「キー・コンピテンシー」「社会人基礎力」など）が提唱されていることがわかる。

（2）進行する子ども若者の自己の空虚化

　このような「○○力」提唱の背後には**図12**（**口絵2、4 参照**）に示したように、経済を回すことを主目的とする「生産性と有用性の世界」がある。この世界の特徴は図の上部と右側に示したように、能力開発で構成された世界であり、個体能力重視の世界ゆえに自己決定・自己責任重視の世界でもある。

　この世界はあらゆる生の諸側面や諸活動を数量化（見える化）し、成果目標を設定し、予測可能なものへ変換し、結果を重視するところに特徴がある。OECD（経済開発協力機構）が示したキー・コンピテンシーのように、人間の生のあらゆる営みを「能力の束」とみなし、仕組まれた体験・学習プログラムでその能力開発と成果を求める世界である。

　こうした世界観に基づく教育が子ども・若者にどのような自己形成をもたらすのか。それを示したのが図の右側に示した「交換可能な『私』」である。図の左側に示したように人間存在を個体の能力発達に還元し、数量化し、意図的計画的に仕組まれたプログラムでその能力を開発する。その結果、出来上がるのは経済産業界にとって有用な人材である。これは個別具体的な子ども・若者にとってすれば、「自分でなくてもよい」「誰がなってもかまわない」交換可能な自己ということになる。

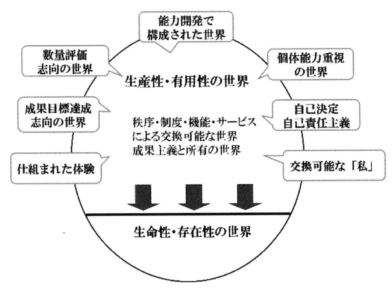

図12（口絵2、4と対応）　子ども・若者の成育環境の現代的特徴

　とりわけこの10年間で頻発している若者の無差別殺傷事件の特徴とし
て、犯行の動機で語る言葉は「殺す相手は誰でもよかった」「社会に認め
てもらいたかった」である。事件を起こした若者が非正規雇用労働者・期
間労働者であったり、家族・親戚縁者からも離脱して、居場所無き人生
を生きていたりと、彼ら自身が「取り換えのきく誰でもよい存在としての
自己」を背負っていたことも特徴である。産業社会がグローバルな経済競
争でしのぎを削り、生産性と有用性の世界に注力し、子ども若者世代に「教
育」と称してその価値を浸透させればさせるほど自己の空虚化は進行する。
近年の若者事件はその1つの証左でもある。

2. 自立の意味を問い直す

（1）自立と自己決定・自己責任主義が生み出す孤立

　2003年（平成15年）の内閣府「若者自立・挑戦プラン」以降、青少年施策

に「自立」が強調されてくる。今では若者支援というと自立支援と同義かと思われるほどに、「自立」がキーワードである。では「自立」とはどういうものとして期待されているものなのか、何をもって自立となすのか。そこもよく見ておく必要がある。

　図12のように近代産業社会が進行した現代における「自立」の在り様について、教育哲学者の高橋勝(横浜国立大学名誉教授)は次のように指摘する。

　　モダニティが進行して、社会が激しく流動化しはじめると、人々は共同体における身近な他者から切り離されて、不特定多数の他者と関わらざるをえなくなる。それは、社会変動によって、人々が安定した共同体を失って孤立し、濃密な関わり合いを喪失することを意味している。個人が共同体から「自律※すること」は、同時に「孤立すること」とほとんど背中合わせとなる。(高橋勝編著『子ども・若者の自己形成空間』東信堂、2011年、18頁)

　　　　　　　　　　　　　　　※引用者注：「自律」は本書での「自立」を指す。

　このような共同体からの離脱を促進させてきたのは、近代の黎明期から現代に至るまで人々を魅了してきた「解放のポリティクス」であると、高橋は指摘する。それは長いあいだの近代化を裏支えしてきた個人の自由と自立意識を促す原理である。封建社会や全体主義国家のように不平等や自由の抑圧がなされる体制下では、「自立」の原語であるindependence(独立、自立、抑圧状態からの解放)の原理は有効に働く。しかし、ここまで見てきたように、生産性と有用性重視の世界が肥大化し、個人の能力発達に過剰な期待がかかる自己責任社会においては、自由と自立の原理は有効に働くどころか、個人をより一層孤立へと追いやり、他者や社会と没交渉(これもindependenceのもう1つの意味である)となっていく。それは子ども・若者の現代的貧困とも深く結びついていく。

（2）現代的貧困の特徴と自立志向の社会が生み出す生きづらさ

　現代的貧困が戦後直後の貧困と大きく異なるのは、より高度化した近代の現在にあって、家族、親戚縁者、学校、地域といった身近な共同体が脆弱となり、いざというときに頼れる身近な他者がおらず、友だち関係や遊び仲間さえも作れない、遊びを通した多様な体験も享受できないといった「関係の貧困」と「体験の貧困」が加算されている点である。

　むしろここでは、自由と自立の原理（解放のポリティクス）に伴う身近な共同体からの離脱と断絶が生み出す関係の貧困が、経済の貧困に先行して広汎に生じている点が戦後直後の貧困と大きく異なる。戦後の先行世代が信じて疑わない自由と自立の原理が招いた事態であることに気づかず、**さらに子ども・若者を自立原理で追い立てることは、彼らの生きる意欲や自尊感情を奪う結果しか生まないことに早く気づく必要がある。**

　このように理解すると、近代化の推進・啓蒙機関として機能してきた学校において、高校進学率が9割を超えた1970年代中頃から不登校発生率が増加の一途となったのもわかる。それは子ども・若者にとって、学校での学びに連なる生産性と有用性の世界へ参入（＝自立）が、もはや希望や願望ではなくなったことの現れとして見ることができる。

　さらに、社会に出ること自立することが、円滑に社会を回すために強いられた外発的な自立でしかないことを、子ども時代から身に沁み込ませてきた結果として、社会を目前にして身がすくみ、ひきこもるのも当然といえる。

　では、現代の成育環境に決定的に欠けているもの、子ども・若者の健やかな育ちにおいて欠くことのできない世界とは何だろうか。

3．青少年育成団体が自立支援に取り組むことの意義——健全育成が育む関係的自立

（1）健全育成活動が根差す世界——生命性・存在性の世界

　人間の生には生産性・有用性の世界に対置して、「生命性・存在性の世界」といえるもう１つの側面がある。それは**図13**（ならびに**口絵3**）に示したような生命感覚に満ちた世界、いまここに生きていることの充足感や歓びを感得する世界である。同時に自然や事物との直接的な体験や同世代や他世代との交流を通じて、互いの存在を感じ、認めあう存在承認の世界でもある。失敗や挫折、病、老いや死といった人間の弱さや生の儚さ、それへの共感共苦を含む世界でもある。また、体験は偶発性に富み、人間の意図や計画を超えた側面を持つ。

　この世界は宮崎駿が手掛けてきたアニメ作品群においてもイメージ豊かに描かれている。例えば「となりのトトロ」では子どもにしか見えない森

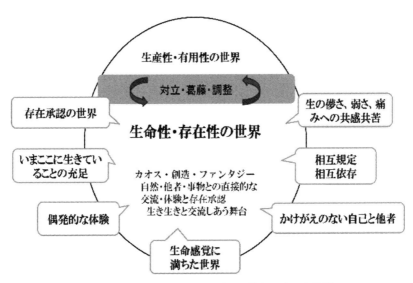

図13（口絵3と対応）　子ども・若者の生の全体性

の妖精トトロとの交流を描いているが、4歳の女の子メイに映る世界はまさに生命感覚とファンタジーに満ちた世界である。彼の初期作品「未来少年コナン」で登場する少年コナンも生命力あふれた子どもの象徴として描かれている。コナンを捕まえようとする人間はインダストリアという、科学技術が築き上げた未来世界に生きる大人の象徴として描かれている。コナンはその持ち前の生命力と野生的な力で大人たちをてんてこ舞いにする。子どものもつカオス性や生命性によってインダストリアの世界(＝生産性と有用性の世界)は揺さぶられるが、コナンにかかわると、その大人たちまでもがいつしか人間味を帯びて活き活きとしていく。

　このように生命性・存在性の世界は、子ども・若者のもつ生命の躍動や、場を根源的に活性化させる意味でのカオス性を含み、時として大人社会の規範や既成秩序からはみだし、揺さぶる要素を含んでいる。これを「居場所づくり」実践に置き換えるならば、子ども・若者の存在欲求に寄り添った居場所であろうとすること(生命性・存在性の世界)と既成秩序を維持形成する大人から見た安心安全の居場所であろうとすること(生産と有用性の世界)との対立・葛藤・調整のせめぎあいと符合する。

(2)安心と信頼のネットワークに根差した関係的自立へ

　再び宮崎の作品を例えにするが、「千と千尋の神隠し」では、現代の消費型社会に浸る家庭に育つ千尋という少女が、異世界に迷い込むところから物語が始まる。彼女はハクという少年に助けられ、湯屋で働かせてもらうことと引き換えに名前をはく奪されてしまう。一所懸命実直に湯屋で客をもてなし、仲間を助けて働くことを通して彼女は再び名前を取り戻す。この物語では現代を生きる少女が、多様な他者との濃密なかかわりあいを通して、かけがえのない自己(本来の名前)を取り戻し、かけがえのない他者とも出会っていく。このように生命性・存在性の世界は、全心身をかけて他者とかかわり、自然や事物と格闘して得られる相互の存在承認の中で、交換不可能な「私」を感受する世界である。

　この世界こそ、青少年育成団体が日頃の実践で展開してきた世界ではなかったか。ジュニアリーダーのお兄さんお姉さんに引率されての子ども会の野外キャンプやお楽しみ会、地域のおじいちゃんおばあちゃんに教わる昔遊び、ボーイスカウト・ガールスカウトが得意とする冒険的で挑戦的な野外活動など、異年齢や多世代との交流や自然との濃密な触れあい交流活動などはすべてこの生命性・存在性の世界にアプローチしている。

　子ども・若者の自立にはそうした世界の裏支えがあり、人間の弱さや痛みに寄り添える意味ある他者との安心と信頼のネットワーク（＝中間の共同世界）が必要不可欠ではないか。

4．今後の青少年育成・支援の課題——生の全体性を回復する成育環境の再構築

　「生きづらさ」「困難さ」というのは人生において最初から固定化されたものであったり、特定の子ども・若者だけが抱えたりするものではない。これまで述べてきたように、個人の自由と自立の原理を強力に働かせた現代社会では、だれもが生きづらさを根底に抱えやすい。生きづらさを個々の人生のある状態・状況として見直すことで、普段の健全育成活動の延長上に自立支援や、困難さに寄り添う支援は自ずと生まれてくるだろう。

　子ども・若者からすれば活動に参加することで、日々の生きる意欲や心の糧を得て、困難な状況をいなしたり、それが深刻になる手前で回避したり、乗り越えていったりする。その一方で、参加に至らない子ども・若者へのアウトリーチを得意とする支援団体とも協働しながら、健全育成活動と自立支援活動が相互乗り入れ的な関係性を築くことはこれからも必要な課題である。

　以上のように、生命性・存在性の世界が子ども・若者の生きる意欲と心の糧であること、関係的自立の前提であることを確認したとき、コロナ禍以降はデジタル化・オンライン化に引きずられることなく、直接的な体

験と交流を軸に活動をより一層充実できるかが鍵となる。

補論　生命性の世界から見た遊び・余暇の意味

　ここでは、子ども・若者の居場所研究の視角から、近代教育の価値規範からはみだす生の諸側面がどのようなものかを、居場所に関わるいくつかの事例を手がかりに明らかにする。そのうえで、「遊び」や「余暇」という生の営みがどのようどのような意味や価値を持つのかを検討したい。とりわけ近代的な教育的価値に回収されない、回収してはならない独自の価値や意味について考えてみたいと思う。

1．子ども・若者の被教育体験に即して教育の意味を問い直す

　臨床教育学を提唱した皇紀夫は、その目的と方法について、個別具体的な教育体験、とりわけ教育的に「問題」とされる事例（いじめ、不登校、虐待、体罰、校則違反、ひきこもりなど）を手掛かりに、教育という営為そのものが持つ意味を問い直し、そのことによって開かれた新たな視界から、子ども・若者の生の在り様や「問題」そのものの意味を問い直すことと定義した[1]。また、教育人間学を基礎づけたO.F.ボルノーも、その目的と方法を、人間が生み出した諸文化（例えば教育）から人間の生の在り様を問い、人間の生の在り様から諸文化の意味を問うこととした[2]。

　本稿ではこのような方法意識を持ちながら、近代教育の理念を推進するための制度化・政策化・実践化の言説として語られる、〈あるべき論としての教育〉と、そのような理念を具現化しようとする学校などの教育空間で実際に〈子ども・若者が体験する教育（＝被教育体験）〉とは分けておきたい[3]。ここでは後者にあたる、子ども・若者による被教育体験の視座、

彼らの声を聴くことから、まずは近代教育からこぼれ落ちていく生の諸側面を浮き彫りにしたいと思う。

2．教育的価値規範に囲い込まれる生

　筆者はこれまで子ども・若者自身の居場所喪失体験を手掛かりに、逆説的に浮かび上がる居場所の意味について研究をしてきた[4]。居場所喪失体験のきっかけや状況はさまざまであるが、それが学校での体験(授業、対教師関係、教室空間、対生徒関係など)にまつわるものや、学校外であっても、学校と深く結びついた身近な大人・地域・社会との関連で語られる事例も多くみられる。そこでは、学校や教師の示す評価のまなざしに含まれる暗黙の規範や、学校教育的なまなざしが身近な大人や地域・社会にまで浸透し、教育的な価値規範によって子ども・若者の生が囲い込まれている状況が見て取れる。

3．近代教育の特徴とはみだす生の諸側面

(1)近代教育の人間観と周縁化される生の諸側面

　象徴的なのは、不登校や"不良"とみなされる子ども・若者にとって、保健室やカウンセリングルームが学校内の重要な居場所になっているという点である。保健室は基本的に子ども・若者たちの「性」「病」「死」「挫折」「痛み」「不安」「悲しみ」「依存」といった生の陰影、人間の弱さにかかわる経験に寄り添う場である。またそこでの重要な他者である養護教諭や学校カウンセラーは教師ではなく、まず相手の声を聴き、ケアする人であることが、教育的世界と力点を異にし、一線を画している。

　逆説的に浮き彫りとなるのが、近代教育の暗黙の価値規範や、それが強く志向する、あるべき人間像の特徴である。それは「発達」を核とした「自立」「完成」「進歩」「成長」「善・健全」「有用性」「目的志向性」が中心的

な価値・規範とした人間像である（口絵7参照）。つまり、子ども・若者たちが大半の時間を過ごす学校（＝近代教育の世界）では、生の陰影にかかわる生の諸側面を経験し、社会的に共有することが難しい状況にあるといってもよい[5]。

（2）近代産業社会が描く台形的ライフモデル

　ところで教育人間学の立場から、高橋勝は近代産業社会の人間形成モデルが台形型であると指摘している[6]。**図14**（口絵8）に示したように、それは生産性が最も高い壮年期を人生の頂点（上底）とし、そこに至る"発達段階"として右肩上がりの「子ども期」が置かれ、生産性が衰えた"余生"として、右肩下がりの「老年期」が置かれるというモデルである。近代産業社会を前提とする世界では、生の価値は生産性・有用性（できること、役に立つこと、実践すること）によって測られる、いわばdoing・havingの世界である。そうした世界観においては、子ども期における"発達段階"の意味は、「産業社会が期待する秩序や価値規範に適応するための移行過程」として描かれる。また、近年では壮年期を一層延長拡大させて、高齢者層もできうる限り生産人口に組み込み、生産性・有用性の世界をより肥大化させる方向性が生まれている。

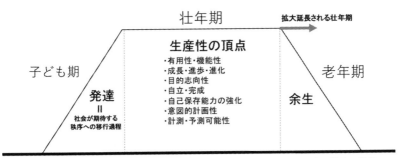

図14（口絵8）　近代産業社会の暗黙の前提にある台形型ライフサイクルモデル

　以上のようなライフモデルにおいて暗黙の裡に排除されたり、"無駄"とされたりするのが、前項(1)で指摘した生の陰影と「余暇」や「遊び」の世界である(下底の外側)。なぜなら生産性・有用性の評価軸で見れば、「余暇」は生産活動(労働)からは「余った暇」であり、「遊び」は目的的で成果志向の行為とは対極の生の在り方でしかないからである。(もちろん、余暇も遊びもそれによって生がリ・クリエイションされる営みとして、生産性・有用性に寄与しうる文脈に限って評価されることもある。)

(3)子ども・若者の成育環境の現代的特徴

　現在、近代産業社会が進行して、さらに高度化複雑化したグローバル経済社会となり、より一層高度で抽象的な能力期待がかかるようになっている。1996年に文科省が提唱した「生きる力」にはじまり、日経連による「エンプロイヤビリティ」、内閣府経済財政諮問会議による「人間力」、OECDによる「キー・コンピテンシー」、経産省による「社会人基礎力」、国立教育政策研究所による「21世紀型能力」の提唱にまで至っている(口絵6)。このように経済界、政財界からの子ども・若者への能力期待はすべて生産性・有用性の世界を土台とし、より一層強固に肥大化している。

　この世界の特徴は、能力開発で構成された世界であり、人間の生を能力の束とみなし、仕組まれた体験・学習プログラムによって能力を開発する。可能な限り生の在りようを数量化(モノ化)して評価し、成果や効果として測る成果志向・目標達成志向が特徴である。個体能力重視の世界であるがゆえに、それは自己責任主義、自己決定主義、自立主義と強く結びつく。それは個人の選択の自由と共に、個人に対しての自立と責任が重くのしかかる世界といえる(口絵4)。

　これらが図14(口絵8)で描いた台形型ライフモデルの内実を埋め、子ども期・老年期に対しても重くのしかかっていると見ることができる。

（4）近代社会（生産性・有用性の世界）が見落としている生命性・存在性（being）の世界

　その一方で、（1）（2）で述べた生の陰影や遊びや余暇にかかわる世界は、生産性・有用性とは異質の世界である。ここでは偶発性や予測不可能性、計測不可能性、交換不可能性に根差す出会いや体験、生の儚さや痛みへの共感共苦、生きていることの歓びなどが含まれる。これらは今ここに生きていることそのものに根差している意味で「生命性・存在性の世界」（beingの世界）とでも名付けられるべき世界である（**口絵3**）。

4．生命性・存在性の世界から見た遊び・余暇の意味

　遊びは子どもの学習や発達の基礎といわれる。しかし、遊びの意義がそのように強調されるほど、遊びは学習・発達の手段でしかなくなり、"楽しく"学習させ、学習効率を高めるための一要素、一手段でしかなくなっていく。生産性・有用性重視の世界が拡大進行する現代では、遊びの道具化もまた拡大進行する。これは余暇と労働の関係でも同様ではないか。

　ひるがえって、遊びを生命性・存在性の世界から見れば、それ自体が今ここに生きていることの充足と深みをもたらすものとなる。人は学習・発達のためにジェットコースターに乗って「眩暈体験」をしたり、サイコロ遊びのような「偶然の遊び」をしたりするわけではない。何かの手段や役に立つことではなく、人は「遊びたいから遊ぶ」（カイヨワ）のである。余暇もまた、それ自体が生の充溢をもたらす営みといえまいか。

　その意味で教育人間学者の矢野智司が指摘するように、生産性・有用性の視点から遊びや余暇をとり扱うことは、子ども・若者が経験する「生命感や自由感や幸福感をだいなしにしてしまう」のである[7]。

5．今後の課題

今後、余暇・趣味研究が進み、それがもたらす有用性や有意味性が明らかになればなるほど、近代教育（発達・自立・主体形成）のフレームによってその一部だけが切り取られ、学校教育やフォーマルな社会教育活動への「善用」、すなわち学校化が起こりうる（すでにそうなっている？）。

いずれ、正規のカリキュラムに「趣味学習」「余暇学習」なるものが設けられるかもしれない。そこに地域学校連携の名のもとに、社会教育が加担する可能性も高い。

ジレンマを抱えつつも、教育的価値とは異なる余暇・趣味・遊びの諸側面に迫っていかなければ、あるいは「教育的価値」の意味それ自体が問い返されなければ、上記のような近代教育による道具化は起こる。そうなれば子ども自らがその生を活き活きと伸長させる自由と幸福の機会はますます失われるだろう。

注
1 和田修二・皇紀夫編著『臨床教育学』アカデミア出版会、1996年
2 O.F.ボルノー『人間学的から見た教育学』玉川大学出版部、1971年
3 田中智志『教育臨床学──〈生きる〉を学ぶ』高陵社書店、2012年
4 萩原建次郎『居場所──生の回復と充溢のトポス』春風社、2018年
5 このような状況を社会学者のA.ギデンズは「経験の隔離」と呼ぶ。ギデンズ『モダニティと自己アイデンティティ──後期近代における自己と社会』ハーベスト社、2005年
6 高橋勝『経験のメタモルフォーゼ──〈自己変成〉の教育人間学』勁草書房、2007年
7 矢野智司『幼児理解の現象学──メディアが開く子どもの生命世界』萌文書林、2014年、150頁

第7章　地域青少年育成活動と 地域学校協働活動の可能性

1．子どもの視点から見た地域学校協働活動の可能性と意義

　「地域学校協働活動」は、平成27年(2015年)の中央教育審議会答申「新しい時代の教育や地方創生の実現に向けた学校と地域の連携・協働の在り方と今後の推進方策について」(以下、「答申」とする)において提言された。その答申のなかで、地域と学校の連携・協働の意義が以下のように述べられている。

　　地域が学校との連携を深める中で、子供たちにとって、地域は学校や家庭とは異なる第三の場として安心な居場所となる。また、地域学校協働本部に様々な悩み等を相談できる家庭教育支援の活動や機能が組み込まれることにより、孤立した保護者を支えることにもつながる。さらに、子供たちの非行防止、健全な育成の観点からも、地域学校協働活動を通して、放課後等の安全で健やかな居場所を作り、地域住民等が子供たちの成長を見守っていくことが重要である。(答申、53頁)

　これに従うと、地域と学校が協働・連携することによって、①子どもたちにとって第三の居場所ができること、②孤立化する子育て家庭にとっても家庭教育支援になること、③子どもたちが健やかに育つ地域環境が育

まれること、が期待されている。

　では実際に地域と学校が連携・協働する活動が、子どもにとってはどのような経験となりうるのか。居場所をめぐって、学生が子ども時代のエピソードを書いてくれた中から、次のような事例を紹介したい。

　　私の母校である小学校は、川沿いの春になると菜の花畑がひろがっているような場所にあり、学校のすぐそばで鯉のぼりが何百と上がっている。地域の活動団体である「鯉のぼりを上げる会」と学校が連携して、学校近辺のゴミ拾い活動を定期的に行っている。もちろん学校の全体がそのイベントに参加しており、校長から各クラスの担任教師も含めた学校教諭も参加している。（中略）その活動を行うことにより、教師と地域住民とのコミュニケーションも図ることができるし、生徒と家族の関係性も身近に感じることができるため、とてもいい活動であったと私は感じている。

　　そのおかげもあり、私自身は地域の方々の親睦も深まり、いまだに地域の祭りにも気軽に参加できることができる関係になっている。地域の方々は、私の理解者ともいえるべき存在であり、小さなときから面識があるので、信用も信頼もある。そんな関係をつくってくれる機会を与えてくれた学校にも地域にも感謝している。（下線部は筆者による）

　この事例からは、子ども・若者の目線からみて、①教員、保護者、地域の人々との親睦が深まったこと、②学校・家庭・地域の関係が身近になったこと、③その後の地域参加のハードルも下がったこと、④小さい頃からの関係の積み重ねによって信用と信頼関係が育まれたこと、⑤それによって地域の人々が「よき理解者」となったことがわかる。

　これらはいずれも地域・学校・保護者・子どもの４者の信頼関係にかかわっている。そのことが土台としてあって、子ども・若者の「地域参加」

や「居場所としての地域」といったものが生まれているのがわかる。この事例は、まさに地域学校協働活動が期待する「第三の居場所としての地域」「子どもが健やかに育つ地域環境」に直結した好例といえる。

2．地域学校協働活動に含まれる教育期待とその問題点

　ところが答申を読み進めると、それだけではない数々の期待が加えられている。例えば以下のような内容である。

　　　今後は、「社会に開かれた教育課程」の実現に向けて、社会の状況を幅広く視野に入れよりよい社会を創るという目標を学校と地域で共有し、子供たちが社会に向き合い、自らの人生を切り拓ひらいていく資質・能力を育んでいくという観点も踏まえて、より幅広い地域住民が参画し、地域と学校が連携・協働して、活動内容を充実していくことが重要である。例えば、活動に参加する子供たちの発達段階に応じ、地域の協力による職場体験、地域の課題を分析・解決する学習、地域住民等と協働する地域活動の企画・参加など、地域の実情や特色を踏まえて、地域と学校の連携・協働により継続的に活動内容を検討していくことが肝要である。（答申、59頁　下線部は筆者による）

　ここでは学校側の正規カリキュラム（社会に開かれた教育課程）のなかに、地域学校協働活動を組み込み、そこに期待する「資質・能力を育む」という視点が入っている。それゆえ、「発達段階に応じての対応」や総合的な学習の時間や生活科などの学習テーマとなっている「地域の課題の分析・解決学習」といった視点も入っている。

　筆者は、社会教育活動のこうした「学校化」を危惧する立場にいる。ここに掲げられている期待に含まれる「フォーマルな体験・学習」の特徴は、大人の側が体験・学習内容を事前に価値づけて設定し、体験・学習のプ

ロセスをあらかじめ水路づけた活動である。それは体験・学習を通した何かしらの知識技能や認識の獲得、すなわち子どもの能力発達が目指されるため、体験・学習内容の有用性(役に立つかどうか・できるかどうか)に力点が置かれる。これを「仕組まれた体験・学習」と名付けておく。

　このような仕組まれた体験・学習が学校外にまで拡大し、地域・社会、そして放課後や休日の時間にまで及ぶことは、大人の期待する教育的まなざしを子どもたちが四六時中浴びることを意味する。すでに今の子どもたちは、放課後や週末は塾や習い事で忙しく、筆者が都内1500人の小中学生に取った放課後の自由時間に関するアンケートでも、小学生高学年になると1時間程度という結果も出ている[1]。また、神奈川県が実施した小学生12000人への大規模アンケート調査でも放課後の遊ぶ時間が少ないと感じている小学生高学年は49%にのぼる[2]。このようなフォーマルな教育から離れられる自由な時間、とりわけ遊びの時間が縮小傾向にある中で、さらなる教育期待をかけることは、あたかも日陰のない真夏の太陽のもとで、子どもが大人の視線から逃げ場なく照らし出されていく状況を招く。

　ここまで見てきたように、地域学校協働活動には、第三の居場所としての地域づくり、家庭教育支援、地域の大人の学び・生涯学習の充実、「社会に開かれた教育課程」の推進のほかに、「チーム学校」の推進、「コミュニティスクール」の拡大推進、「学校を核とした地域づくり」の推進など、様々な期待が込められている。そのなかで、とりわけ「学校を核とした地域づくり」の内実が、「社会に開かれた教育課程」に伴って、上記のような地域の学校化が一層進み、地域のあらゆる大人が学校と同質の教育的期待とまなざしでかかわることになれば、子どもにとって、その地域は第三の居場所になりえない。

　そこで以下では、地域で独自に営まれてきた“もうひとつの教育”の営みとその意味について考えてみたい。

3. 地域に根差してきた青少年育成活動と「偶発的な体験・学習」の意義

　長い地域社会教育の歴史の中では、学校教育とは異なる、ノンフォーマルな教育として青少年育成活動がある。例えば子ども会やジュニアリーダー活動、ボーイスカウトやガールスカウト活動、青年団活動などが代表的なものになる。そうした団体の活動の特徴は、異年齢異学年が混ざり合い、高校生以上の若い人たちがリーダー役・世話役となり、地域の大人たちと共に野外キャンプや自然体験、クリスマス会や新年餅つき大会などのレクリエーション、郷土芸能の伝承や郷土文化の体験、お祭りやイベントの企画運営など、さまざまな体験や交流を楽しむところにある。そうした体験・交流活動を通した集団活動の過程で、同年齢・異年齢の子ども同士が学び合い、育ち合うことを大切にしている。リーダー役・世話役の若者たちに対しても、地域の大人は見守ったり相談に乗ったりしながら、彼ら彼女らが、自分たちの発案で企画し活動をする過程で、責任ある一人前の大人になっていくことを応援している。

　このような青少年育成活動には、仕組まれた体験・学習とは異なる体験・学習の意味が隠れている。それは子どもたちの自由な探索過程で、偶発的に未知なる世界と出会い、これまでの自己がゆさぶられ、新たな意味を発見したり、今ここに生きていることの充足感を得たりする意味での体験・学習である。このような体験・学習を、仕組まれた体験・学習と対比して「偶発的な体験・学習」と名付けておく。このような体験・学習は子どもたちの活動の歓びや楽しさ、幸福感や自由感と深く結びついている意味で、Well-beingな体験・学習といってもいい。

　それがもし学校の正規のカリキュラムとして展開されるとしたらどうなるか。体験・学習を通して、「それで何を得たのか」「何がわかったのか」「何ができるようになったのか」「何の役に立ったのか」といった有用性の視点や、個別の能力発達の視点から評価され、点数化されたり、数値化や数

図15　体験・学習の二重性（口絵5と対応）

　量化が要求されたりしかねないだろう。これでは偶発性に富む体験・学習のなかで育まれる、人や自然、事物との関係の冗長性(厚みや豊かさ)、楽しさや自由感、幸福感といったWell-beingな生の側面が台無しになる。

　もちろん、さまざまな体験・学習活動には「仕組まれた体験・学習」と「偶発的な体験・学習」の2つの異なる側面が混在している。きっかけは仕組まれた体験・学習であっても、そのなかで偶発的に学ぶことも発見することも、楽しさや歓びを感じることもある。あるいは、偶発的な体験・学習が起こりうることをねらいとしながら企画し、仕組むというということもありうる。そうした2つの異なる体験・学習は排除しあうわけではなく、互いに絡みあっている(**図15**)。この構造は第1章で述べた子どもの居場所づくりの二重性と呼応するものでもある(第1章　**図4**(**口絵5**)参照)。

4．子どもたちのWell-beingの視点で地域学校協働活動を

　その意味で地域学校協働活動には、この2つの体験・学習が含まれ、「フォーマルな教育」と「ノンフォーマルな教育」「インフォーマルな教育」とが混在する。しかし先述のように、子どもたちの放課後の多忙化と学校化が拡大進行しており、大人が期待する有用性の世界が、子どものWell-beingな世界を強く圧迫している状況下にある（**口絵2、4**）。だからこそ地域学校協働活動では、これ以上の学校化が進まぬように注視しながら、地域の青少年育成活動が営んできた"もうひとつの教育"の意義を認めて、学校と地域のそれぞれの善さを対等に生かし合えるかが鍵となる。

　例えば、全国各地には青年団や保存会が地元の民俗舞踊や和太鼓を地元の子どもたちに伝承する活動がある。若者人口が大都市に集中している現在も、このような郷土芸能の世代継承が生活の一部として息づいている地域もある[3]。なかでも東北地方、とりわけ岩手県は芸能の宝庫ともいわれており、郷土芸能が地域の人々の絆づくりや彼ら／彼女らの生きる活力として重要な役割を果たしている。東日本大震災のときには、津波で流された舞踊の衣装や道具を探しだして修復し、いち早く郷土芸能祭を復活させた地域もある。それは郷土芸能が単なる「保存」の対象ではなく、世代を繋ぎながら人々の絆を維持し、生まれ育つ郷土の歴史文化と個々人のアイデンティティをつなぐ重要な意味を持っているからでもある[4]。

　地域学校協働活動で言えば、岩手県岩泉町小本地区で長年取り組まれている郷土芸能「中野七頭舞」の伝承活動は、地元小学校教員の発案をきっかけとして学校教育システムに組み込み、地元保存会の人々が学校に赴いて直接子どもたちに教えていくという、先駆的な取り組みである[5]。ここでは日々の練習での地域の大人と児童・生徒たちとの交流それ自体に、人と関わることの楽しさ・歓びの感得や、人付き合いの作法や人間関係の機微などの学びがあったり、上級生が下級生に郷土芸能を伝えることで、子どもたち自身が育成指導の難しさを経験したりするなど、青少年育成の

多様な側面が含まれる。晴れの舞台では、地域内外の多くの人々からの応援や感想も受けとり、社会的な承認体験としても大きな意味を持つ[6]。

このように、地域の大人も含めて、子どもたちの生きる歓びや生命の躍動、生きていることの充足感と深く結びつく、地域に根差した伝統芸能・音楽・文化活動の意義は大きい。近年、部活動の学校外団体への移管などが話題ともなっているが、このような地域の青少年育成活動(者)が学校に入って協力するという視点は、子どもとともに地域全体を育む重要な契機にもなるだろう。

注

1　総務省行政評価局「子どもの居場所に関する調査報告書——子どもの視点から見た公園の現状と今後に向けた提言」2021年。第3章、第4章を参照されたい。

2　第11期神奈川県生涯学習審議会専門部会「神奈川県における放課後の子どもの居場所づくりに向けた実態調査研究調査報告書」2014年

3　2022年11月で70回目を数える日本青年団協議会主催の「全国青年大会」は、全国から地域青年団が東京に集い、体育祭と文化祭を行っている。そこに郷土芸能部門があり、若者たちが地元の芸能を継承している成果を発表している。第69回大会(2021年)の様子はYouTubeで見ることができる。https://www.youtube.com/watch?v=kTWN7h19yrA&ab_channel=%E6%97%A5%E6%9C%AC%E9%9D%92%E5%B9%B4%E5%9B%A3%E5%8D%94%E8%AD%B0%E4%BC%9A%E5%9F%B7%E8%A1%8C%E9%83%A8 (2022年9月閲覧)

4　菊池龍三郎「地域の教育力の分析の視点に関する一考察」日本生涯教育学会編『日本生涯教育学会年報』第5号、1984年ならびに萩原建次郎『居場所——生の回復と充溢のトポス』春風社、2018年

5　阿部未幸「地域における郷土芸能の役割と今後の可能性——岩手県岩泉町『中野七頭舞』を事例として」岩手県立大学総合政策学会編『総合政策』第15巻第2号、2014年では、「中野七頭舞」の伝承活動が生み出す地域内外の人的ネットワークの広がりや子ども・若者の人間形成に与える意味、地域の人々やコミュニティ形成に与えている意味などを実証的に明らかにしている。

6　岩泉町小本地区では、東京に活動拠点を置く東京民族舞踊教育研究会と地元保存会の協力のもと、地元以外の人々も対象とする中野七頭舞の講習会を開いてきた。筆者も学生時代に小本地区にある小本小学校に赴き、保存会の方々か

ら教わった経験がある。

第IV部

社会教育・公民館が育む
Well-beingな成育環境

第8章　若者の居場所としての公民館の可能性

　筆者は1995年の阪神淡路大震災、オウム真理教によるサリン事件以来、社会教育研究者として子ども・若者の居場所を研究し、その成果を『居場所——生の回復と充溢のトポス——』(春風社刊)としてまとめた。そこでは居場所を「生の回復と充溢のトポス」であるととらえた。もう少し言葉を足せば、「具体的で顔の見える他者との出会いと交流、学びあいの場(トポス)において、存在が認められ、癒されたり、生きる意欲が育まれたりする場」といった意味である。このような居場所の意味から見て、地域人々の交流と学びの拠点である公民館が重要な役割をもつ可能性を感じている。本章ではその理由と内実について述べてみたい。

1．子ども・若者の居場所が問われたきっかけ

　そもそも子ども・若者の居場所が社会問題となったのは1980年代中頃からになる。1974年に高校進学率が90％を超えると同時に、中学生の不登校の増加がはじまり、その後10年以上経っても増加の一途をたどるようになる。そのような状況に伴い、大半の子どもたちが多くの時間を過ごす学校の存在意義が厳しく問われるようになり、市民の自発的な活動として、フリースペースやフリースクール、オルタナティブスクールが誕生した。
　当時は学校に行かない、行けないことは「病気」であり、最終的に「治療」し復帰させることをゴールとみなす主張と、学校あるいは学校化した社会

こそ問題であるとする主張との間で激しい対立が起こった。不登校の原因
がどこにあるのか、という論争が激しさを増す一方で、当事者である子ど
もたちや親・保護者、支援者らからは「子どもの居場所」の必要性が語ら
れ、学校以外の居場所(行き場)として、市民ベースのフリースペース、フ
リースクールが全国各地に生まれていったのである[1]。大手新聞社の記事
データベースを検索すれば、1980年代中頃から1990年頃の居場所に関
する記事は、こうしたフリースペース・フリースクールや不登校・登校拒
否をめぐるものが多くでてくる。当時の子どもたちの思いや親たちの思い
なども取材されているので、ぜひ図書館で検索してみてほしい。

2. 生きていることの歓びや楽しさを支える暮らしの変容

　さて、このように学校教育問題を中心として、子ども・若者の居場所が
問われてきた。だが、「居場所のなさ」の深層に横たわる問題として、背後
で子ども・若者の日々の生活の楽しさや生きることの歓びに重要な、遊び
の時間や空間、遊ぶ仲間の変容が進行してきたことを見逃してはならない
と筆者は考えている。それはどういうことか。象徴する子ども・若者の声
を紹介したい。

　　自分も小学生の時に近所の公園でサッカーをしていて、ある日うっ
　かり近所のお宅の花瓶を割ってしまったということがあり、それから
　その公園に球技禁止という張り紙がなされ、自由に遊ぶことができな
　くなってしまい生きにくいなと感じたことがあった。私は小学校中学
　校とクラブチームでサッカーをしていて通い慣れていたホームグラウ
　ンドがあり、チームを卒団してからも毎年蹴り納めや蹴り始めで遊び
　に行かせて頂いていたのですが、つい最近ホームグラウンドが潰れ
　てしまったという知らせを聞き、少し悲しい気持ちになりました。

　第3章で取り上げた公園調査でも明らかになったように、とりわけ都市化の進む地域では、子どもは思い切り羽を伸ばせる原っぱもなければ、公園で全身を使って遊ぶことも難しい。学校の校庭も許可なしには使えない。地域の大人たちや自治体は、公園に花壇を設置したり禁止看板を立てたりすることで、間接的に子どもたちを排除する。

　このように環境デザイン・空間デザインによって子どもたちの行動を間接的にコントロールしながら排除することは、いさかい事を収める煩わしさから解放され、一見静かで平穏な暮らしを生み出してくれる。しかし、それは同時に地域の大人と子どもの直接の交流機会や出会う機会も奪ってしまう。それは人間同士の直接的なかかわりによって得られる、互いの存在の手ごたえや、自分が今ここに活き活きと生きている機会も場所も失うということも意味する。上記の事例のような「生きにくい」「悲しい気持ち」という子ども時代の気持ちは、決して大げさではなく、公園という物理的な場所の喪失が子どもの幸福感を揺さぶり、心の居場所さえも侵食している事態を示している。

　このような事態が進行し始めたのが、高度経済成長を遂げた1970年代中頃からになる。多くの子どもたちが放課後も塾通いをするようになり、遊び時間が短縮しはじめ、異年齢多人数集団だった遊び仲間も、同年齢少人数へと変化しはじめたのもこの頃からになる。それはすでに述べたように、高校進学率が90％を超え、不登校・登校拒否児童生徒が増加に転じた時期と符合する。つまり、放課後の子どもの居場所の状況が大きく変わり、子どもたちはより一層、学校を軸とするフォーマルな教育の世界に長時間身を置くことになったのがこの頃からになる[2]。

　子どもの遊び環境デザインに長年取り組んできた仙田満によれば、横浜市における遊び空間量の変化を見ると、1955年の頃と高度経済成長を経た1975年とでは自然の遊び空間量は80分の1の減少となり、2003年にいたっては1000分の1へと減少している[3]。客観的には自然が残る地域であっても、そこでの自然はあくまで保護・観察・管理の対象となり、

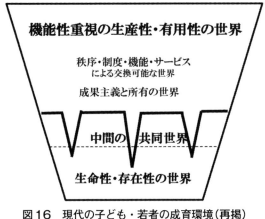

図16　現代の子ども・若者の成育環境（再掲）

子ども自身も自然の一部としてかけめぐる野生的な環境は失われている。

　このように、外遊びを軸とした子どもたちの自由と幸福感に満ちた時空間は都市部を中心に一気に衰弱し、代わりに将来の安定した職業につくため、高校受験という学歴競争のスタートラインに子どもたちが立たされるようになったわけである。それは経済原理による生産性・有用性の世界と深く結びついた受験競争（当時は「受験戦争」と評された）を通じて、子どもたちが住まう生命性・存在性の世界が、深く侵食されていった過程でもある（**図16**ならびに**口絵2**）。そのようにみると、少子化時代の現在であってもなお、不登校児童生徒の数や発生率が増え続けている理由も了解できる。そしてそこには、大人・社会が作り出した制度の在り方も深くかかわっていることが、次の事例からも読み取れる。

3. 機能性の世界の肥大化と中間の共同世界・生命性の世界への侵食

　中学生の時、「不良」と呼ばれてしまう友達が話していた言葉を思い出した。「別に何をするわけでもないのに、どこにいてもなんでこ

こにおると白い目で見られている気がする」。派手な服装をし、学校をさぼってうろついている彼らの中にあったのは、そのような居場所のなさであったのだろうか。そしてその言葉を聞いた当時の私が、その言葉に驚くのではなく、共感していたことも思いだした。

　制服に包まれている限り、昼間いることを許される場所は学校しかないし、放課後もいることを許される場所は限られている。クラブ活動、塾、習い事、それ以外の場所にいる時は明確な理由が必要で、だから私たちは学校に、塾に、クラブ活動に、必死に居場所を求めていたのだろう。

　この事例は、筆者がかつて教えていたいわゆる難関私立大学に通う学生が書いたものである。その学生は中学時代、学校内では「問題のない生徒」、むしろ「優等生」とされた側であった。その学生が当時の中学時代をふりかえったとき、「不良」と呼ばれる生徒の気持ちに共感していた自分を思い出して書いたのがこの事例になる。学校に一見適応している生徒も、そこから逸脱して「不良」とラベリングされている生徒も、実は同じ地平を生きていることがこの事例からわかる。

　その地平とは、制服を身にまとうことによって設定される地域・社会の暗黙の境界線である。制服を着た中学生は、平日日中は学校に居なければならない存在として、そして放課後は「部活」「塾」「習い事」「その他、学校や地域・社会が居ることを明確に認めた場所」に居ることだけが許される。

　中学生にとってすれば、「制服」という、所属する組織集団によって定められた服装を身にまとうことは、大人・社会が作った制度的な世界、いわばフォーマルな制度・秩序世界に参入することを意味する。さらに、放課後の学校外においても、その延長上にある受験勉強に連なる塾通いが待ち構える。それは図2に示したように、制度的秩序が支配する機能性・有用性の世界の拡大した世界としてみることができる。

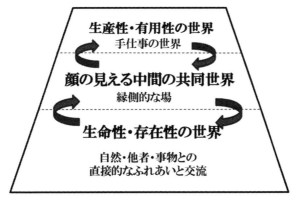

図17（口絵1）　高度経済成長期以前の子ども・若者の成育環境（再掲）

　一方、高度経済成長以前の子どもの放課後の世界には、もともと人々の顔の見える「小路」のような交流の場、神社やお寺の境内、日本的家屋の縁側、そうしたパブリックでもプライベートでもない〈顔の見える中間の共同世界〉が豊かに存在するなかで、子どもは自由に遊ぶことやぶらぶらすることが許されていた。「許されていた」というよりも、「それが子どもというもの」として暗黙裡に承認されていたといいかえたほうがよいかもしれない。

　こうした中間の共同世界の基層には、大人が直接介在しない、子どもたちが直接的に自然とかかわりあい、小さな未知の体験を積み重ねる活動的な世界も豊かに存在していた。そうした世界は子ども独自のファンタジーや野生を湛えた〈生命性・存在性の世界〉である。

　以上のような3つの世界の構成を示したのが**図17（口絵1）**であるが、高度経済成長期以前の子ども・若者の暮らしにはこの図のような形で、3つの世界が相互に支えあい、循環しながら存在していたと見ることもできる。

　しかし、ここまで見てきた事例に象徴されるような機能性・有用性の世界の肥大化と顔の見える中間の共同世界や生命性・存在性の世界の衰弱

化は、子ども・若者が人や自然との全身心的なかかわりにおいて想像力を発揮し、己の全てを賭け、全体として生きることを困難にさせている。それは子どもや若者が十全に生きる世界が切り崩されているとしかいいようのない社会の地殻変動である。このような現代社会の変容にまで踏み込んでみなければ、彼ら／彼女らの言葉にならない生きづらさの表出や、不登校・ひきこもりといった現象を解読することは難しい。

4．子ども・若者の居場所として公民館ができること

このように子ども・若者の居場所の問題を、彼ら／彼女の生きる歓びや楽しさ、幸福感を支えてきた暮らしの変容としてとらえた上で、公民館のこれからの可能性について考えてみたい。

まず現代の子ども・若者の居場所として必要なのは、学校や家や塾以外にも、気軽に立ち寄れて安心して居ることができる地域の居場所を増やすことにある。それは学校的なフォーマルな教育的まなざし、評価や管理のまなざしから少し外れて、羽を休めたり、異年齢・異学年、異世代とも安心して交流できる場を増やすという意味である。そこには公民館や生涯学習センター、図書館・博物館のような社会教育施設、市民ベースのコミュニティカフェなどが、その可能性を豊かに含んでいる。

とりわけ公民館は、インフォーマルに人々が集い、多種多様なテーマで学び合い、つながりあう場として、また市民のサークル活動を支援したり、創出したりする機能を担ってきた。かつて、大阪府枚方市の楠葉公民館では、小学生たちだけでも団体登録が可能で、部屋も無料で利用でき、老若男女の誰もが気軽に集える地域の居場所、たまり場として展開させていた[4]。また、横浜市鶴見区にある生麦地区センターのように、地元青少年指導員や自治会、市の青少年育成団体である公益財団法人よこはまユースが協力し、やんちゃな中学生たちの居場所としても施設が使えるように、週に一日だけ利用可能な部屋を借りて中学生タイムをつくり、青少

年健全育成につなげた事例もある。ここでは彼らを排除するのではなく、顔見知りになることで、地域行事や小学校行事の手伝いやリーダー的存在として活躍する機会をつくり、地域社会の一員として育てていく取り組みへと発展させていった。このように公民館やそれに類するコミュニティ施設も含め、子ども・若者世代が他世代と同様に部屋を使えたり、多世代が安心して共存し、ふれあいと交流、相互貢献のきっかけとなる場ともなりうる。

　もちろん、公民館だけですべてを担うべきであるということではない。自治体にもよるが、児童館や児童文化センター、青少年会館や青少年センターなど、子ども・若者向けの活動・体験・交流施設もある。近年は子ども食堂のように、子どもだけではなく多様な世代が助け合い、学び合うボランタリーな活動を展開しているところも増えている[5]。そうした施設や活動団体とも、公民館職員やスタッフ同士が顔の見えるつながりをつくり、実効性のある連携体制をつくりながら、子ども・若者世代も地域の居場所の1つとして、公民館を利用できるようにしてはどうだろうか。このことについて、社会福祉学者の空閑浩人はつぎのような提言をしている[6]。

　　　これからの居場所のあり方としては、地域にある複数の居場所が、制度や活動の分野を超えてつながること、例えば同じ地域にある高齢者の居場所と子どもの居場所がつながるなど、言わば「居場所同士の連携」や「居場所ネットワークの構築」が期待される。(中略)
　　　そのためにも、1つの居場所内で完結するのではなく、それぞれの居場所が他分野や多領域に開かれることが大切である。そのような多様性に開かれた活動の中で、支援の受け手が担い手になるということも実現する。

　大切なのはこのようなさまざまな居場所、気軽にあいさつを交わせるよう縁側的な場が、地域のそこかしこにあるという日常を再建できるかとい

う点にある。ただ公民館の場合、児童・青少年施設と比べるといくつかの
アドバンテージがあるため、少しばかり期待をかけて述べたくなるところ
もある。

　1つには、公民館が基本的に中学校区に一館ほどの割合で設置されて
いる自治体も多く、多様な趣味サークル活動があり、リアルな地域課題や
生活課題の解決に向けた学習機会もあったりする点である。児童・青少
年施設を個別に見ると、多くの子ども・若者にとって、必ずしも身近な生
活圏内に配置されていたり、場があったりするわけでもない。

　また、若者の居場所と人間形成の観点からいえば、公民館は多様な人
生のリアリティに出会い、交流や学びあいを通じて、人間理解や社会理
解を深くする機会を内包した場として見ることができる。公民館活動を通
じて、真剣に平和や環境問題、まちの将来について考えている人に出会っ
たり、趣味を通して人生を楽しんでいる大人に出会ったりするかもしれな
い。あるいは、子育てに奮闘しながら人生の生きがいを模索していたり、
障がいの有無関係なくボランティア活動をしていたりといった、多種多様
な人々に出会い、年齢世代を超えて友人を得ることもある。それはアルバ
イトのような"稼ぎ"を通して見える社会とはひと味違う生き方や社会に
出会うことでもある。このように見ると、子ども・若者に対しても、生き
ていることの楽しさや歓び、充実感や生きがいへの別の通路を用意できる
場として公民館が開かれると、さらに面白い展開が生まれるかもしれない。

注
1　拙著『居場所——生の回復と充溢のトポス』春風社、2018年、23頁〜27頁
2　田中治彦「子ども・若者の変容と社会教育の課題」田中編著『子ども・若者
　の居場所の構想』学陽書房、2001年、17頁〜19頁
3　仙田満『こどものあそび環境』鹿島出版会、2009年
4　渡辺義彦『公民館を遊ぶ』径書房、1988年
5　「広がれ、こども食堂の輪！」全国ツアー実行委員会編『広がれ、こども食堂

　の輪！活動ガイドブック──地域とのつながりづくり編』2018年
6　空閑浩人「社会福祉における『場』と『居場所』をめぐる論点と課題──『地域
　共生社会』の構築が求められる時代の中で」鉄道弘済会弘済会館編『社会福祉
　研究』第133号、2018年、24頁

第9章　子どもの成育空間としての公民館

1．子どもの成育空間の再生という課題

　公民館における子ども対象事業はいくつかの視点から期待されている。1つは放課後の子どもの居場所の充実という視点から、2つ目は子どもが育つ地域の教育力再生の視点から、3つ目は地域の教育資源を活用した開かれた学校づくりの視点からである。

　これらの視点の共通した背景には、子どもの生活体験や人間関係の変容がある。そこにはかくれんぼや鬼ごっこの舞台となる原っぱや路地裏、寄り道や道草ができる小路や農道、多様な生物と戯れ、自由に探索したり冒険したりする雑木林や裏山といった自然空間、これら他者や自然と全心身的にかかわりあう体験世界の衰退がある。いいかえれば、大人の教育的まなざしから外れて、子どもたちが他者と共に自律的にゆったりのびのびと自由に過ごせ、活動していた成育空間の衰弱である。

　この成育空間の衰弱のなかで、現在その隙間を埋めているのは電子ゲームとソーシャル・ネットワーキング・サービス（SNS）を含めたインターネット空間、メディア空間である。1980年代頃までは都市部にもわずかに残存していた子どもの成育空間と、90年代以降台頭してきたインターネットを中心としたメディア空間の大きな違いは、つぎのようなものだ。

　成育空間では、①顔が見え全心身的なかかわりがある、②大人や地域、異年齢集団など、さりげない他者のまなざしが存在する、③基本的にお

金がかからない。かかったとしても駄菓子屋のように子どもの身の丈に
あった小さな経済圏である。それに対して、電子ゲームやSNSを中心と
したメディア空間は、①匿名性が高く、抽象的な記号や映像中心の身体
性が脱落した空間である、②第三者のまなざしが介在しにくく、他者性が
排除された密室空間である、③大人の経済圏と地続きの消費サービス空
間である、などの特徴がある。

　現在子どもたちの日常は、消費と所有の欲望充足を促す消費サービス
空間と個人の能力発達支援を中心とする意図的計画的なまなざしが浸透
した教育空間の2つが大きく占めている。その反面、子どもが自律的能
動的に他者や事物、自然とかかわり、そこから得る手ごたえのある人間関
係や、怪我や喧嘩、思い通りにならない経験も含めた、自己の存在を深く
感得する機会は相当失われている。その意味で、子どもの存在承認と充
足を生み出す成育空間をどのように再生させるか。これが子どもの育ちで
求められている本質的な課題であると考える。これをふまえて公民館での
子ども対象事業の在り方を考えたとき、学校とは前提の異なる公民館なら
ではの実践可能性が見えてくる。

2．居場所を生み出すロビーワーク

　公民館は教育施設ではあるが、義務教育機関でもなければ、誰かに強
いられてやってくるような場所ではない。にもかかわらず、放課後や休み
の日になると多くの子どもたちがごく自然にやってくる公民館や社会教育
施設がある。

　例えば東京都西東京市内の各公民館ロビーにはやんちゃな子どもたち
も含めて、放課後には勉強したり、友人仲間とゲームをしたりしにやって
くる。とくに芝久保公民館ではそのことを意識して、子どもを排除するの
ではなく、むしろ公民館を利用する大人には子どもたちの囲碁の相手を
なってもらったり、自分たちのサークル活動を子どもの活動に何かしら貢

献してもらうように働きかけたりしている。また、夜の時間帯は、警備員が主たる管理者になるが、やんちゃな子たちにとって、しっかりしかってくれる存在だったり、話を聴いてくれる地域のおじさん的存在だったりする。このような、親でもなく教師でもない、友だちとも異なる「ナナメの関係」や「地域のおじさん、おばさん」といった関係性は、子どもにとっても程よい距離を生み出している。それは公民館がさりげなく子どもたちに開かれた空間でありながら、メディア空間とは異なる日常の隙間に生まれる彼らの居場所なのだろう。

　ところで、このロビー空間を、はじめての利用者でも安心して過ごせるように歓待する雰囲気を意識的につくることを「ロビーワーク」という。公民館の事業としてはあまり自覚されてこなかった取り組みである。公民館事業としてカウントされないこのロビーワークは、公民館の敷居を低くし、多様な住民へ開き、多世代多文化共生の空間へと誘う取り組みとしても大切にしたい視点である。

　ロビーワークが展開する空間が中高生のよく溜るファミレスやフードコート、ファストフード店と本質的に異なるのは、さりげなく見守ってくれる、話を聴いてくれる第三者が介在する空間であるか否かである。子どもたちを見て見ぬふりしながら、自由な居方をできるだけ尊重する。利用する子どもたちにさりげない声かけをしたり、コミュニケーションボードやらくがき帳の設置をしたり、彼らの思いに耳を傾ける工夫をしているところもある。子どもをお客様や消費者としてではなく、地域に暮らす生活者として子どもを見守る。そうした第三者のまなざしは空間の質を大きく変える。

3.「やってはダメ」から「守ればOK」へ

　横浜市鶴見区にある生麦地区センターでは、放課後になると小学生から高校生まで、多くの子どもたちでロビーがあふれる。かつては館内で騒

いで悪さをしたりする子どももいたという。しかし、「迷惑な存在」として
彼らを排除しても、近隣のコンビニに移動するか、もっと大人の目の届か
ない闇の空間へと逃げ込んでいくだけということに地域の大人も気づく。
そこで、地元自治会の協力を得ながら、一定のルールを守れば彼らも利
用可能なセンター運営へと転換を図った。例えば飲食全面禁止ではなく、
ちゃんと片づければ可能にする。週一回夜まで利用可能な部屋を確保し、
そこでなら自由におしゃべり可能にする。そのことで、大人の利用者との
共存を可能にする。彼らのニーズを会話の中からキャッチしながら、たこ
焼きパーティーやカレーパーティーをしたり、子どもが自由に過ごせる時
間と空間を一緒に創りだす。こうした取り組みのなかで、やんちゃな子ど
もたちがセンターのお祭りや地域の盆踊りの手伝いなどに積極的に協力
するなどの変化も生まれたという。

4．地域住民・利用団体と協力して事業を構想する

　他にも公民館のロビーや会議室などを利用者団体が確保して、子ども
たちの自律的な活動を応援する取り組みがある。NPO法人いなぎFFネッ
トワークは、東京都稲城市にある城山文化センター（公民館と児童館の複合
施設）を拠点にロビーやプレイルーム、小会議室などを借り、中高校生の
居場所づくりをしている。週一回、放課後の時間帯に気軽に立ち寄れる
おしゃべり空間を開いたり、プレイルームでバトミントンや卓球、バレー
ボールなど、子どもたちが思い思いに体を動かして遊べる空間を提供した
り、英語や数学の得意なスタッフが学習サポートをしたりと、子どもたち
のニーズに寄り添いながら、多彩な場を提供し、彼ら自身の思い思いの居
場所づくりを応援している。この事例は細やかで臨機応変な対応力をもっ
たNPOの強みを生かした取り組みとして注目される。それは次に紹介す
る東大和市の取り組みと同様、公民館が利用者団体や住民と協働して取
り組むことで、より豊かで多彩な事業展開が可能になることを教えてくれ

る。

5．成育過程に無理なく息長くかかわる

　東大和市中央公民館では、子どもの夏休み期間中にロビーと一部の部屋を開放し、毎年多彩な体験活動プログラムや、学習支援活動を展開している。「夏休み！みんなでつくる遊空間」と名付けられたこの取り組みは、公民館利用者と職員、公募で集まった地域住民が協力して運営し、10年以上になる。この取り組みから学ぶのは、無理のないところから、息長く続けるという点である。ここでは関係づくりが難しい思春期の子どもをいきなり対象とするのではなく、小学生の頃から関係をつくっていくことからはじめている。事業開始当時の関係者の見通しは、「小学生の頃から関わり、顔が見える関係をつくっていけば、中高校生になってもお互い安心して関わりあえるようになる」というものだった。今や参加対象は小学生から中高校生へと広がり、当時の子どもたちが若者になり、手伝うようにもなっているという。

6．今後の課題——思春期以降の子ども・若者対象の事業展開

　最後に思春期以降の子ども・若者を対象とする事業を構想する際の視点を四つ提案して終わりにしたい。
　1つはキャリアの視点である。思春期以降はより具体的に仕事をすること、働くこと、将来を考えることに敏感になる。そこにタッチできる事業を構想できるかどうか、企画者の腕の見せ所である。ここでは若者サポートステーションや企業との事業連携も視野に入れたい。2つ目に社会的なつながりの視点である。子ども・若者が広く社会につながり、生きがいを持った多様な大人とその生き方に出会い、交流する視点である。3つ目に、表現・創作の視点である。ダンスや音楽、演劇、スポーツ、工作など、そ

れらの活動は言葉に落とし込めずに鬱積しがちな彼らの思いを身体表現
として表出させ、自己発見を促す手助けになる。4つ目に生きにくさの視
点である。学校や家庭になじめなくても、公民館や社会教育施設にはな
じめる子どもたちは確実にいる。それは学校や家庭で固定化された人間
関係やそこでのまなざしから距離を置ける点が大きい。その場の居方を自
分で選択したり、さらにそこで新しい仲間をつくれればなお一層、彼らに
とって未来に開かれた居場所になるだろう。

　学校の人間関係に依存せず、新しい仲間や経験ができる予感を事業の
要素、場の運営に盛り込むこと。それこそ多様な学びと交流の場を創りだ
してきた公民館が得意とするところではないだろうか。

結論にかえて
——人間の生の回復と充溢に向けて

第10章　近代的主体と自立の脱構築
——生命・身体・コミュニティ

第10章　近代的主体と自立の脱構築
——生命・身体・コミュニティ

1．近代的主体と自立を問うことの意義

　これまで論じてきたように、現代における「自立」の実態は「孤立」と同義ともいえるほどやせ細り、子ども・若者にとってそれは、"希望"よりも無理やり押し出されるような、"強いられた自立"へと変貌している[1]。いいかえれば、何も手すりのない変化の激しい流動的な世界に、一人投げ出されていくような感覚ともいえる。

　それは本書全体を通じて論じてきたように、近代化が生み出してきた副作用の側面と密接につながっている。それはマクロな次元では、目的志向的な機能主義の原理が推し進める都市化・郊外化という暮らしの変容と、それにともなう顔の見える中間の共同世界の衰弱化という問題として、ミクロな次元においては、人間の脱自然化、脱身体化の原理が推し進める、他者・自然・事物との直接的なかかわりや体験の質・量の貧困化という問題としてである[2]。

　本章ではそれらの問題をもう一度整理しながら、このような問題を発生させてきた原点である近代的人間観にまで踏み込んで問い直すことを試みたい。とりわけ、その人間観を特徴づけている「主体」と「自立」の存立構造に目を向けて、居場所の観点からそれらの意義を問い返すことができればと思う。それは近代社会や近代教育が目指してきた個人の自立と主体形成を一方的に解体することが目的ではない。むしろ、ますますやせ細る

人間の主体と自立に対して、より根源的なところから活力を与え、改めて人間の生の全体性を回復する道を切り拓くためである。

2. 近代問題としての居場所

(1)次世代育成機能の不全化と若者の社会参画機会の縮小

　歴史的にみると、暮らしに息づく若者の社会参加と参画の機会は近代化の過程で現在に至るまで徐々に衰退してきた。例えば地域社会における防犯防災活動、消防活動は警察組織、消防組織へ取って代わり、子育て機能は学校や塾に、地域青少年育成活動は網羅的・総合的な活動から目的化した企業スポーツや習い事へ限定され、同世代・近接世代・異世代間での出会いとふれあい、支えあいの機会が極端に縮小されてきた。地域行事でさえ、そのほとんどが行政行事や商業・消費ベースの"イベント"へと変貌している。

　そうしたなかで地域社会が文化・産業・世代の継承と循環を失ってきたのは、大人や地域が児童期の子どもばかりに期待の目を向け、大人と子どもの間に存在し、世代を繋いでいる思春期以降の若者を見失っているからでもある。いいかえれば身近な日常において、思春期以降の若者の社会的責任感と地域コミュニティを担っていく意欲を近代化の過程で時間をかけて奪ってきたともいえる。

　他方、地域コミュニティの側からすれば、高度経済成長期の社会構造の大転換は地縁ネットワークの衰退を招き、地域教育の担い手の高齢化と不足により、暗黙のうちに機能してきた次世代育成機能を不全化させていった。このような事態は、地域・社会の構造転換に対して、10年前後のタイムラグをもって後追い的に地域の次世代育成機能の低下となって現れている(**図18**参照)。

　例えば情報消費社会化が深く浸透しはじめる1980年代には、子ども会やボーイスカウト、ガールスカウトといった伝統的青少年団体の会員数が

	青少年活動の動き	地域・社会の変容
70年代	遊び場の減少 遊び仲間の少人数化 青年事業の行き詰まり	都市化・ニュータウン化 地縁社会の衰退化 地域教育の維持努力
80年代	不登校問題の顕在化 フリースペース運動 青少年団体会員数ピーク	情報・消費主義社会化 世代間・個人間の分離分断 地域教育の担い手高齢化
90年代	「居場所型」青少年 公共施設の登場 個別支援からの再出発	グローバル社会化 自己責任主義の浸透 地域教育の担い手探し
00年代	青少年の居場所+ 若者の社会的自立拠点 としての居場所へ	地域教育力創生への模索 個々と地域をつなぐ、中間 組織の創造へ

図18　高度経済成長期以降の地域変容と青少年活動の動き

ピークを迎えるが、すでに10年前から地縁社会は衰退化し、地域の青少年育成の担い手不足と高齢化ははじまっていた。80年代中頃以降各青少年育成団体の会員数は減少の一途をたどるが、その意味で少子化だけが原因ではない。こうした青少年育成活動の担い手の世代継承がなされず、指導者層が高齢化のまま固定化してしまったために、活動規模や活動内容も縮小せざるを得ないという事情も重なってのことである。それは地縁ネットワークが衰弱しはじめた70年代からすでに地殻変動は始まっていたともいえる。

　1990年代から現在はどうだろうか。情報消費社会と地続きにグローバル社会化が進み、世代を問わず、あらゆる人間が「個人化」させられてきている。郊外の形成に象徴されるように、長く同じ土地に住むことなく、地縁組織とは結びつかず、企業・行政サービスにより一層依存したライフスタイルを生きる住民層の拡大は、個々人が他者や社会のサポートを期待せずに、自助努力と自己責任において生き残っていかなければならない、サバイバル社会の様相を呈している。一見すれば、現代は自己決定と自

己選択の幅が広がった自由社会のように見えて、その内実においては、この世に生れ落ちた時から、家庭も含めた社会的サポートが弱体化するなかで、ただここに存在していることへの承認なく、自己責任の圧力がのしかかる厳しい世界となってきている。

（2）機能主義化・透明化する日常世界

　ところでそうした近代が推し進めてきた都市化や産業社会化の根底には、「目標を設定して効率的に、役に立つことだけを、だれでもどこでも同じ結果へ到達させること」という価値基準がある。その基準は私たちの日常生活の隅々にまで行き渡っているがゆえに、ほとんど無意識に近いところで働いていて気がつきにくい。例えば、企業では営業成績を上げるために、月間売上目標を立てて、それにしたがって行動計画を立て、営業活動に向かう。工場では生産目標を立て、そのために効率よく生産ラインを組み、労働者は無駄な動きなく部品を組み立て、均質的に商品を生み出すことが求められる。学校や塾では授業目標が立てられ、それにしたがって効率よく生徒達に同じ結果がでるように教師は努力し、生徒もそれに応えるべく努力することが求められる。近代学校の四角い教室空間も、黒板と教壇が前方にあり、それを一斉に生徒が見るように配置されているのも、少ない労力で効率よく知識伝達をするための舞台装置である。このような意図的・計画的で操作的な意識は、学校、医療、介護といった直接的な対人援助から交通網、通信網、水道・電気網などの社会的インフラストラクチャーに至るまで日常世界に行き渡り、各種サービスによって代行されている。

　逆に個々の人間に求められるのは、そうしたサービスシステムで決められたルートをくぐって、それに適応し、無駄なく立ち居振舞うことである。車は道路で走り、歩行者は歩道で歩く。放課後の遊び場は児童公園か学校の空き教室へと、社会的に目的に則っていれば「居てもよい」「使ってもよい」とあらかじめ水路づけられた場において、目的的かつ機能的に行動

することが暗黙のうちに求められる。

このように近代社会は、目的合理性、効率性、均質性、一般性、生産性が幅をきかせた社会である。言うならばあらゆる生活の営みが機能に分化され、サービスにとってかわる機能主義社会・サービス社会といえる。日本においてこのような近代社会化が150年もの歳月をかけて積み重ねられてきたからこそ、私たちの意識もそれに馴致されて、「当たり前」の感覚になってきたわけである。

しかし、鷲田清一が指摘するように、こうした近代化やサービス化が日常において進行すればするほど、私たち人間の「存在の乏しさ」は広がり、どこかで「いまここにいるのは私じゃなくてもいいのではないか」という感覚が広がっていく[3]。なぜならば、近代の価値基準に照らせば、個々の人間も機能主義社会にとっては、それぞれが効率のよい部品や歯車として機能することこそ重要であり、いつでもだれでも交換可能な「物」として存在していることが求められるからである。チャップリンの『モダンタイムズ』は、そうした近代が人間をモノ化し、部品と化していく世界をユーモラスに描いた映画であるが、いまや日常のさまざまな立場、さまざまな世代において浸透しているといえる。例えば主婦であれば「いまこうして毎日食事を作ったり、子育てするのは私じゃなくてもいいのではないか」、子どもは「いまこうして受験に向けて勉強するのは自分じゃなくてもいいのではないか」と漠然と感じ、若者であれば「就職は一体何のため誰のためなの」となり、高齢者であれば「自分がいなくなれば、周りがもっと楽になるのではないか」となる。どこかで自らの「存在の乏しさ」を感じるのは、サービス化・機能主義化と引き換えに個々の人間の「かけがえのなさ」(個人の交換不可能性)を見失ってきているからにほかならない。そうした感覚や意識が日常に浸透すればするほど、私たちは世代を問わず、いまここにいてもいいという確信がもてる場、すなわち居場所のなさは広がる。

若者の居場所に限って言えば、精神科医で思春期外来を開いている青木省三が次のような興味深い指摘をしている。

　最近は、青年の「居場所づくり」がさまざまなところで言われている。しかし、おとなが青年のためにと考えてつくった場所が、しばしば青年にとって居心地のよい居場所ではないことがある。それはその場がガラス張りのように周囲から見通せ明るすぎる場、無菌状態で無影灯のように照らされた近代的な手術室のような場になっているからである[4]。

　このような場の在り方は、日常の生活空間、街からも小路や路地裏、原っぱなどを消し去り、すべてを見通せる透明な空間へと都市化させてきたことと符合する。青木は続けて「何もせずにぶらぶらしてもよい場になる」ことが、居場所づくりに必要なこととして指摘する。そしてあえて「影」となっている時と場を「非行の温床になる」として安易に奪わないことを訴える。「もし、そのような時と場が奪われると、青年はおとなのまったく目の届かない『闇』に、本当に危険な時と場に自分の居場所を求めるようになるだろう」と警鐘を鳴らす[5]。

　彼がこのことを著書で指摘したのが奇しくも1996年、神戸児童連続殺傷事件が起きた前年であった。この事件は、神戸市須磨区のニュータウンに住んでいた当時14歳の少年が、近所に住む子ども二人を連続して殺傷した事件であり、それがきっかけとなって少年法も逮捕年齢の引き下げがされるなど、大人社会に大きな衝撃を与えた事件であった。

　ここで注目したいのが、この事件の起こった場所がニュータウンであったことである。宮台真司や三浦展らはニュータウンの特徴を、機能主義が行き過ぎた均質的な「影の無い町」と指摘する[6]。そうしたエリアにおいて殺傷がなされた場所が「タンク山」といわれる、街の造成による残土を盛り土してできた小高い山であった。いわば「無駄」とみなされ、街の機能からすれば唯一「無意味」であり、住民も近寄らない「闇」の空間であったことは、青木の警鐘と重なり合っている。

　このような無機質的な日常があらゆる場において深く浸透しはじめたの

は高度経済成長以降であり、どこにも逃げ場や隠れ場、隙間がないほど
になってきたのは80年代以降の高度情報消費社会化と、それと地続きで
出現したグローバル社会になってからである。

（3）他者との交感なき世界

　このような日常世界の徹底した近代化と、機能性重視の社会のなかで、
若者はどのような経験をしているのか。1つ事例を紹介したい。

　　　大学入学のため入学式を前に上京して、見知らぬ新宿という町に
　　出た時、途方もない居場所のなさに襲われたことがある。誰も知って
　　いる人がいない、私を知る人がいない。私はここにはふさわしくない
　　……そんな思いが強く込み上げ、泣きたくなった。しかし、泣くこと
　　を許される場所さえなかった。

　筆者が勤務する大学は、北関東や甲信越・東北方面の農村・漁村・山
村から東京に単身出てきた学生が比較的多い。彼らは、地元に戻ればま
だ地元つながりがあったり、先祖代々からその土地に住み、公務員や地
元の産業に従事していたりする。そうした背景を持つ学生にとってすれば、
この事例のように、東京という都市空間は他者との交感なき冷たい世界と
して経験される。それは第4章(47頁)にある**写真6**の車道機能中心の都
市の道路の写真と合わせてみればよくわかるだろう。
　上京してきたばかりの学生は、目的合理性と機能主義に支えられた世
界の「冷たさ」を、まなざし不在の都市空間によって直接経験し、同時に
行き場のない自分という存在を経験している。このように、日常世界と自
己の存在感覚の感受は表裏をなして同時なのである。
　J.デューイが指摘したように、私たちの経験が自己と他者とのふれあい
とコミュニケーション(contact and communication)において成り立つ以上、
経験は社会的(相互主観的)である。それは個々の主観世界に閉じられては

いない。その意味でこの事例にある「他者との交感なき世界」という経験は、人間同士の顔の見える関わり合いを地域社会から排除してきた近代の歴史と社会の構造体に出会う経験でもある。

　このように日常世界が複合的で重層的な社会の構造体として経験されるがゆえに、一気に理性的に認識したり、言葉で表現したりすることは困難である。「居場所がない」という子どもや若者にその理由を大人側がいくら要求しても、口ごもり立ち尽くすしかないのは、日常において感受される経験の内実が、子どもや若者の言語表現と知的理解の範囲をはるかに超えているからでもある。

3．近代的主体の揺らぎと自立思想の問い直しへ

（1）主体感覚と存在基盤の揺らぎ

　ここまで見たように、子ども・若者の居場所が問われる背景には、高齢者の居場所、子育てママの居場所、障碍者の居場所、非正規雇用者の居場所など、世代や属性をまたがり、私たちの主体感覚（自己）を根底で支えている基盤や根拠が、機能主義世界の日常によって脅かされている事態がある。そこでは大人の世界でも自らの存在基盤や拠り所となっている家族や職場、地域といった多様な次元のコミュニティが脆弱化し、さらには自己や他者、自らが生き働いている世界を生き生きと感じ取ることができない事態が広がっている。居場所の確保や「居場所づくり」が、子ども・若者だけの問題ではなくなっているのも、「子ども」や「若者」という感受性豊かな存在を鏡として、世代を超えた人間存在の根本問題が立ちあらわれていることを、大人・社会も認めざるを得ないからだろう[7]。

（2）自立思想の限界と共同的次元の再発見

　そもそも「居場所」は非言語レベルで体感される次元であるために、容易に言語化しえない。「私」という自己意識や主体感覚を支える母胎を「居

場所」ととらえるのなら、「居場所のなさ」というのは、意識以前の世界での揺れ動きを含むからだ。むしろ居場所への問いを通じて私たちが直面しているのは、「私」（自己意識）それ自体が自己充足的に捉えられてきた近代の限界という文明史的な課題である。そこには大人でさえ簡潔な説明と理解が困難な問題が横たわる。たとえば中村雄二郎はつぎのように指摘する[8]。

　　　デカルトの《コギト・エルゴ・スム》（われ思う、ゆえにわれ在り）が定式化して示したように、人間の存在根拠は自己のうちに、自己意識としてあるものと考えられてきた。そのような自己根拠づけによって、人間的自我の自立が推し進められ、近代哲学と近代文明はその可能性を徹底的に追求することができた。しかし、その可能性が大幅に実現されるとともに、その行き過ぎが人間みずからの生存の基盤を突き崩すことが次第に明らかになって、意識的自我（コギト）を内実とする人間の自立が疑われるようになった。そして、意識的自我の隠れた存在根拠をなすものとして、共同体や無意識が大きく顧みられるようになった。

　ここで中村が指摘するように、近代の自立思想は、文明史的に発明されたものであるが、それが長い時間をかけて、大人の日常意識として定着してきたために、私たちはこの発明された「個人の自立」思想の問題性に気づくことがない。親や青少年指導者、教師、青少年教育施策などが、子どもや若者に対して当たり前のように「自立しなさい」「ひとりでやりなさい」「自分のためにがんばりなさい」とかける言葉の背景には、個人のレベルを超えた強固な歴史的信念体系がある。
　しかし「自立した個人」を自足的独立体のごとくにとらえる近代の発想には限界がきている。中村が指摘したように、むしろ「個人」は意識で照らしえない次元で、共同体や集団との緊張に満ちた対立関係を通し「逆説的に

共同体や集団に強くつながっている」のであって、「私」という存在はそれ自体では自立できず、共同体や無意識を基礎としてその上に初めて成り立っていることがわかってきたからである[9]。その意味で20世紀に登場したフロイトやユングなど精神分析学が切り開いた無意識や集合意識への気づきにしても、デカルト哲学を批判的に継承し、意識的自我（わたし）の成立根拠を徹底して探究した現象学が切り拓いた「他者性」や「共存性」の発見などは、個人思想＝自立思想の行き詰まりを乗り越えるひとつの試みでもあったといえる。

（3）居場所──生命（いのち）のシグナルを感知する場

　ところで「居場所」という言葉は「居る」と「場所」という言葉の組み合わせから成り立っている。そこには何かしらの主語（主体）が隠れ、何ものかの所在が暗示されている。果たしてそこには何ものが「居る」のか。「居る」ことが暗示しているその主語（主体）はなにか。その点について、鷲田はハイデガーを手掛かりに次のように指摘する[10]。

　　たとえばハイデガーが「存在」という語の分析をしている箇所であげている例を引いてみよう。「神がある」「教室で講演がある」「この人はシュヴァーベンの出身である」「この杯は銀製である」「百姓は畑にいる」「この本はわたしのものである」「彼は死んでいる」「赤は左舷である」「ロシアに飢餓がある」「敵は退却中である」「葡萄畑に葡萄瘤虫がいる」「犬が庭にいる」「山々の頂に静けさがある」……。ここで存在を表すドイツ語はすべてistで表現されている。しかし日本語はそうはならない。（中略）つまり他のひとや生き物の存在については、「ある」ではなく「いる」と表現されている。「ある」と「いる」、これをわたしたちは混同することはない。（傍点引用者）

　このように何かが存在することを、ドイツ語ではistで示し、英語では

beとなるのに対して、日本語では「ある（在る）」と「いる（居る）」に使い分ける。鷲田は、「『いる』という意識、これは『いのち』と『いのちなきもの』との差異に対するわたしたちの最初の感受性である」として、「いる（居る）」が生命ある存在に対して使われ、生命存在の所在を示すと指摘する[11]。

その意味で、私たちが「私の居場所」「君の居場所」「誰々の居場所」というとき、そこでの「私」や「君」や「誰々」は、生命性を宿した存在としての「私」「君」「誰か」を指すことになる。物理的にその空間に居たとしても「ここに私の居場所はない」というときには、「私」も「君」もその場所において他者や社会から物や部品のごとく扱われ、生き生きと存在できる場所がない、という意味を内包していることがわかる。逆に言えば、「居場所がある」というのは、「私」や「君」が生き生きと存在できる場所があることを示していることになるだろう。

このように「居る」の主語に力点を置いたとき、私たちは、居場所において相手の生命のシグナルを無意識のうちに感じ取ろうとしていることに気づかされる。ひるがえって「場所」に力点をおいたとき、居場所が生き生きとその存在を創出する「生命場」とでもいうべき場でもあることにも気づくのである。

（4）主体感覚の母胎としての身体

とくにそうした場の中でも、最も身近で慣れ親しんでいるのが私たちの「身体」である。人間といえども、理性では馴致不能な側面も含め、身体を母胎として私たちは生命体であり、他の生命との緊張関係の中に生きている。「私」という意識主体もまた、それ自体で存在できるのではなく、身体という生命の棲家（すみか）があってはじめて存在できる。

そもそも個人が共同体や集団との緊張関係においてこそ、個人として成立してきたことを思い返せば[12]、「私」が他者と出会いふれあい、交流をするときに、最初に開かれた場となり基点となっているのが身体である。

加えて、そうした共同体や集団との交流において、自分の位置が決まる

のも、人間が身体的な存在だからである。例えば馴れない土地に立った時、無意識のうちに「前」や「後ろ」「上下左右」といった方向を、自分の身体の位置取りを基準に決定する。「高い所」とか「低い所」という位置感覚も、身体を媒介にした空間と結びついて規定され、身体によって世界は空間的に分節化され、意味づけられる。このように身体は他者や周囲の環境に開かれた窓として世界と交流し、そこでの意味や価値を付与したり、感受したり、方向感覚をつかむ母胎にもなっている。

　また、このような身体の側面は肉体的な空間の限定を越えて、他者・自然・事物へと浸透し、広がりをもつこともできる[13]。例えば長いあいだ車を運転していると、そのうちに車両の占める空間へと身体感覚が広がり、狭い道路で対向車とすれちがうときにも、自分の身体感覚として相手との距離を測ることができるようになる。

　車両感覚と言われるのはそうした車両空間が身体化していることをさしている。そのため車両が傷つくと、自分が怪我をしていなくとも、ぶつかった壁や相手の衝撃と共に、「私」も傷ついたような痛みを身体に感じたりもする。また、自分が大切にしていた物、愛着のある物を失ったり、壊されたり、傷つけられたりしたときに、心に痛みを覚えるだけでなく、実際に身体に痛みを感じたりするのも、身体化の一つの例となる。中村が指摘するように、私たちは生理学的身体の範囲だけではなく、「拡大された身体の隅々にまで自分の感覚を行き渡らせながら、生き、活動し」、物や自然に触れ、他者に触れている[14]。では、このような身体の側面と「居場所」とはどのような関係にあるのだろうか。

　　私は大学での今現在の居場所が見つけられず、少し寂しいような悲しいような気持ちがあります。高校までは自分の席があり、たとえ周りに何もなかったとしても、自分の場所にいることができ、ほんの小さな面積でも落ち着ける場所があったことをとてもなつかしく思います。(大学2年生Bさん)

　このとき「自分の席」は単なる客観的・物理的なモノとしてではない、生きられた身体のひろがりとして意味づけられて、そこに「私」が住み込んでいる。だからこそ、そこは「ほんの小さな面積」であっても「自分の場所」となる。例えば自分の家というのも、単にその中で生活する機能的・物理的空間としてではなく、「私」と融合した「生きられた空間」である[15]。そのため自分の意思に逆らって他人が侵入してくると、直にからだに打撃を受けたと感じたりする。

　このように他者・自然・事物と「私」とは身体を基体としながら、関係づけられ、意味づけられている。すなわち居場所は、観念的な場所や、客観的な物理的空間としてではなく、具体的な他者・自然・事物との関係性においてそのつど生起する意味空間としてとらえられる。

4．居場所とは何か

　さて、ここまで居場所の原初的構造が何であるのかを探ってきた。それは、私たちの日常に隠された生の在り様に光を当て、近代的な自己意識（主体感覚）を捉え直すことでもある。そのような過程を経て、あらためて居場所がどのような側面を持ち合わせる場であるのかを整理してみたい。

　第一に居場所は「私」という主体感覚の生成母胎であり、生命性・存在性の世界に連なる場である。

　「アイデンティティはいちど確立すればずっとそれに拠りたのんでいられるというような固定的な足場ではない」と花崎皋平が言うように[16]、居場所の生成において私たちは身体を基体としながら他者に触れ、関係をとりもち、そのつど「私」という意識主体は刷新される可能性に開かれることになる。

　また、居場所は生命場と言いかえられるべき、生命の所在を暗示する場でもあった。いわば生命の泉のごとく、「私」という主体もそのつど泉に身を浸し、そこから生命エネルギーを汲み上げ、生き生きと復活する場と

もいえよう。花崎が「アイデンティティの底にある生命〔一般的には「自然」〕の意思ないし呼びかけにそのつど立ちもどってたえず築き直さなければならないもの」とする[17]、その「底にある生命の意思」を感受する場が居場所の深いところでの意味となる。

　第二に、居場所は、「私」と他者との相互規定的な関係において生成する。

　居場所が生み出す「私」という主体感覚には、他者と相互に規定しあう関係でつかまれる位置感覚が含まれている。その位置感覚を下支えしているのが身体感覚である。そして身体は場との相互規定的な関係、いわば豊かな緊張関係において関係的に自律している。このように「私」という主体は静的実体ではなく、他者・自然・事物との関係態であり、活動態ともいえる。

　逆に言えば居場所も主体感覚も、一方的な他者からの意味づけ、価値づけ、方向づけにおいて失われてしまう。つまり、「居場所づくり」の名において、大人が「期待すべき青少年像」や「あるべき人間像」を前提としたまなざしが隅々まで浸透した場においては、生き生きとした私の生成プロセスは堰き止められ、居場所は剥奪されてしまう。それは居場所が子どもや若者の主体と切り離されたところで客観的に措定される事、すなわち大人の側・教育者や指導者側の一方的なまなざしにおいて「居場所づくり」をすることはできないということの裏返しである。あくまで「ここが居場所だ」という実感は、生きられた身体としての「私」において体感される。

　第三に、居場所の生成において、生きられた身体としての「私」は、他者・自然・事物へと開かれ、他者・自然・事物のかけがえのなさを感受する。

　とくに他者との関係においては、「私」と他者との「相互規定的」という意味において、一方で「私」は他者に住み込み、他方で他者が「私」に住み込む関係であることを示している。そこには関わる相手のかけがえのなさ(交換不可能性)を感受し、他者が意味ある存在として変貌する関係がある。

　しかし、ここまできて、居場所には別の側面があることも指摘しておかなければならない。それは居場所が関係的に生成する意味空間でありな

がら、それが実体化され、制度化されていく方向性もあわせもつというこ
とである。居場所や「私」という主体感覚の生成も、他者のかけがえのなさ
の感受も刹那に起こり、それを意識的につかまえようと近づけば、逃げ水
のように見失う。しかも居場所も私も他者も、それを誰かに向けて語ろう
としたり、(善意の元であっても)それを制度化しようとしたりするときから、
同化と固定化、自閉化ははじまる。

　本章で明らかにした「私」の生成母胎としての居場所というのは、近代的
な自己意識の立ち位置そのものをずらすものであった。しかし、他者や生
命からの呼びかけにおいて「私」という主体感覚が支えられてきたことを忘
れ、それらをいつの間にか「私のもの」あるいは「私たちのもの」としたとき、
居場所は単なる自己充足的な主観の拡大延長となり、他者を呑み込んで
いくものへと自閉してしまうのである。

5. 開かれた小さな中間の共同世界の再建へ

(1)居場所の二重性

　ここまで見てきたように、居場所は他者との関わりにおける「関係態と
しての居場所」と「実在としての居場所」という二重の側面をあわせもつ場
であることがわかる。

　「関係態としての居場所」は自己と他者との関わりあいにおいて生成され、
感得される個々の相互主観的な場や意味空間をさしている。それに対し
て「実在としての居場所」は、施設や制度として、客観的・固定的に扱わ
れる居場所のことであり、その意味で「居場所づくり」は、われわれの主観
から独立した客体としての居場所を指している。おそらく多くの研究者や
実践家が語る"居場所"というのは、この後者のことを指している。ある
いは居場所の両義性に無自覚なままに主観的に語ってみたり、客観的な
場のごとく語ってみたり、語り手自身の視点が定まらないままに混乱を招
いているように思われる。

いずれにしても居場所は「関係態」と「実在」の２つの次元で分けられるが、両者は別々に存在しているわけではなく、相関関係にある。居場所は他者との関わりにおいて生き生きと自己と場が生成され、それが言語や空間に反映し、実在化し固定化する運命にある。実在化・固定化した居場所は、メンバーの同質化や場所の自閉化も生み出しながら、そのまま幕を閉じていく方向に向かうか、もしくは新たな他者との出会いや交流において、新たな場が開かれ、居場所が更新されていくか。いずれにせよ、居場所は両者を含めて包括的にとらえられるべきものである。そのことなしに、人々の関係性から切り離された制度や実在としての「居場所づくり」が先行していくとき、大人・社会が善意でつくった場が、むしろ子ども・若者のより一層の生きづらさと居心地の悪さをもたらすことになりかねない。

(2) 顔の見える小さな共同世界を再建する

このように両義的な場である居場所を、あえて「居場所づくり」として取り組もうとするとき、私たちは何に留意すべきだろうか。

それには創造的で開放的な場にむけて、子ども・若者にできるだけその場の権限を委譲しつつ、参加と参画の機会づくりを小さなスケールからはじめることだろう。「権限の委譲」は、ただ「君達には権利と責任がある」と教え諭すものではない。彼らの生活圏の範囲の中で小さな共同世界をつくっていける機会をつくり、彼ら自身が場を創り上げていく過程をじっくりと体感できるようにすることだ。

ここでいう「小さな共同世界」というのは、構成メンバー同士の顔が見え、直接的に関わりあい、交流しあい、共に参加し創っていくことのできるスケールを持った場を指している。そうした直接的に関わりあえるスケールでこそ、他者との応答的な関係を築き、他者のもつ異質性に実感を持って出会い、そこから新しい地平が開かれる可能性が生まれる。

また自分の力が及ぶ範囲の小さな場だからこそ、自己効力感を得、そこに参加し、共に場を創る過程で他者と関係をつくり、小さいながらも、生

きた社会が創られていくことを実感と体感を持って学ぶことができる。そうしたことが若者自身の居場所と存在実感をもたらすのである。

このような小さな共同世界の経験は、個人化が進行する近代化の過程で軽視されてきた、あるいは否定されてきた集団生活体験、共同生活体験の重要性に光を当てることになる。そうした体験活動を長く地域で取り組んできたのが子ども会、ジュニアリーダー、ボーイスカウト・ガールスカウト、YMCA・YWCAといった伝統的な青少年育成団体である。第6章でも取り上げたが、これら青少年健全育成の活動は、このように自立と主体性を育む意味でも重要なのである。

また、若者のひきこもり支援に早い段階から取り組んできたNPO法人ニュースタート事務局では、かつて高度経済成長期以前の日本のそこかしこに存在していた若者宿の仕組みに倣って、共同生活体験とパン屋や食堂、農業といった手仕事による仕事体験を軸とした社会参加体験をあわせた支援をしている[18]。大学で学生相談の経験を豊富にもっている臨床心理士の高塚雄介も、ひきこもりの若者や大学生の"不登校"への支援方策として集合的生活空間と体験学習の大切さを提言している[19]。このように共同性と身体性を伴う活動こそ、子ども・若者の生の全体性の回復と充溢、彼らの成育に重要となる。

最後に、以上のような場づくりを進めるとき、「場」が多様性や異質性に開かれていることがこれからの時代において必要不可欠な視点になるだろう。顔の見える小さな共同世界の再建は、前近代的な同調圧力の強い同質的なコミュニティに戻ることではない。おそらく近代化を絶対善としてみなしてきた人々からすれば、共同性や身体性の回復といっただけで、拒否反応を起こすかもしれない。しかし、これまでの検討で明らかになってきたように、主体性も自立性もその根底においては共同性と身体性に支えられている。もし、十全な主体性と自立性を望むのならば、改めて共同性を伴う集団体験や身体性を伴う活動の復権が必要不可欠であることは繰り返し述べておく必要がある。

　ただし、そのような場が構成メンバーによってはメンバー同士の同質化と固定化を招き、異質な他者を排除した自閉的な場に向かうこともある。私たちが意識して目指さなければならないのは、他者や社会のもつ異質性に開かれ、交流と循環、開放性に富んだ場を創造していくことにある。

　その意味で「居場所づくり」は、アットホームで居心地がいいばかりではない。あるがままの自分でいられたり、互いに認め合えたりする関係に至るまでには、その過程でメンバー同士の葛藤や対立、対決も充分にありうることである。そのことも含めて大人は彼／彼女らに同行し、育っていく力に信頼を置けるかどうかが勝負所ともいえよう。そのとき大人もただ寄り添うだけではなく、正直さをもって関わる姿勢も求められる。だめなことはだめといえることも必要になる。そうした微妙なさじ加減もまた、大人の学びと成長として、子ども・若者と共に場を創りながら獲得されていくものだろう。

注

1　桜井啓太・広瀬義徳編著『自立へ追い立てられる社会』インパクト出版会、2020年においても現代における自立の意味を問い直している。また2006年には雑誌「現代思想」青土社において、「自立を強いられる社会」とした特集が組まれている。

2　本書第Ⅰ部を参照されたい。

3　鷲田清一「蟹工船の時代に　広がる存在の乏しさ」毎日新聞2008年9月19日（朝刊）

4　青木省三『思春期こころのいる場所——精神科外来から見えるもの』岩波書店、1996年、31頁

5　同前、31頁

6　宮台真司『透明な存在の不透明な悪意』春秋社、1997年、45頁〜60頁及び94頁〜118頁、三浦展『「家族」と「幸福」の戦後史——郊外の夢と現実』講談社、1999年、158頁〜188頁

7　2009年に民主党政権へと交代した際に、当時首相だった鳩山由紀夫氏の所信表明演説においても「居場所と出番のある社会」というフレーズが使われるに至ったこともその証左だろう。80年代には「子どもの居場所」であった言葉が、

日本社会全体の方向性や在り方をめぐるキーワードになっていること自体、子ども・若者問題としてではなく、世代をまたがる共通問題として考えなければならないだろう。

8　中村雄二郎『場所(トポス)』弘文堂、1989年、134頁〜135頁

9　同前、130頁〜136頁

10　鷲田清一『悲鳴をあげる身体』PHP研究所、1998年、117頁

11　同前、122頁

12　作田啓一『個人』三省堂、1996年では西洋の個人主義の誕生の歴史を紐解き、個人が世俗との離脱と対立と参入において誕生してきたこをあきらかにしている。

13　このような身体は生理学的身体の側面と区別して「生きられた身体」と言われたり、「活動的身体」と言われたりする。M.メルロー＝ポンティや市川浩など。関連図書リストを照されたい。

14　中村雄二郎『臨床の知とは何か』岩波書店、1992年、108頁

15　O.F.ボルノー『人間と空間』せりか書房、1988年

16　花崎皋平『個人／個人を超えるもの』岩波書店、1996年、96頁

17　同前、19頁

18　NPO法人ニュースタート事務局ホームページ、(2023年6月16日閲覧)
　　https://www.newstart-jimu.com/

19　高塚雄介『ひきこもる心理とじこもる理由──自立社会の落とし穴』学陽書房、2002年

関連図書リスト

1. 子ども・若者の人間形成と成育環境の変容をめぐって
青木省三『思春期こころのいる場所——精神科外来から見えるもの』岩波書店、
　1996年
荻野達史『ひきこもり　もう一度、人を好きになる——仙台「わたげ」、あそびと
　かかわりのエスノグラフィー』明石書店、2013年
影山任佐『自己を失った少年たち——自己確認型犯罪を読む』講談社、2001年
斎藤環『承認をめぐる病』日本評論社、2013年
高橋勝『子どもの自己形成空間——教育哲学的アプローチ』川島書店、1992年
高橋勝・下山田裕彦編著『子どもの〈暮らし〉の社会史——子どもの戦後五十年』
　川島書店、1995年
高橋勝『文化変容のなかの子ども——経験・他者・関係性』東信堂、2002年
高橋勝『子どもが生きられる空間』東信堂、2014年
田中智志『他者の喪失から感受へ——近代の教育装置を超えて』勁草書房、2002
　年
土井隆義『友だち地獄——「空気を読む」世代のサバイバル』筑摩書房、2008年
土井隆義『キャラ化する／される子どもたち——排除型社会における新たな人間
　像』岩波書店、2009年
土井隆義『個性を煽られる子どもたち——親密圏の変容を考える』岩波書店、
　2004年
広田照幸『日本人のしつけは衰退したか——「教育する家族」のゆくえ』講談社、
　1999年
藤竹暁編著『現代人の居場所』至文堂、2000年
藤本由香里『私の居場所はどこにあるの？——少女マンガが映す心のかたち』朝
　日新聞出版、2008年
三浦展『「家族」と「幸福」の戦後史——郊外の夢と現実』講談社、1999年
谷川彰英・無藤隆・門脇厚司編著『迷走する現代と子どもたち』東京書籍、2000
　年
門脇厚司・宮台真司編著『「異界」を生きる少年少女』東洋館出版社、1995年
宮台真司『透明な存在の不透明な悪意』春秋社、1997年

2. 近代的主体と自立の問い直しをめぐって
市川浩『精神としての身体』講談社、1992年
市川浩『〈身〉の構造——身体論を超えて』講談社、1993年
『現代思想——特集：自立を強いられる社会』青土社、2006年12月号
広瀬義徳・桜井哲太編著『自立へ追い立てられる社会』インパクト出版会、2020

年

桜井智恵子『教育は社会をどう変えたのか——個人化をもたらすリベラリズムの暴力』明石書店、2021年

清眞人『経験の危機を生きる——応答の絆の再生へ』青木書店、1999年

高塚雄介『ひきこもる心理とじこもる理由——自立社会の落とし穴』学陽書房、2002年

竹内敏晴『子どものからだとことば』晶文社、1983年

竹内敏晴『思想する「からだ」』晶文社、2001年

竹内敏晴『主体としての「からだ」』藤原書店、2013年

田中智志『臨床哲学がわかる事典』日本実業出版社、2005年

田中智志『教育臨床学——〈生きる〉を学ぶ』高陵社書店、2012年

中山元『はじめて読むフーコー』洋泉社、2004年

西村ユミ『語りかける身体——看護ケア現象学』ゆみる出版、2001年

西村ユミ『交流する身体——〈ケア〉を捉えなおす』NHK出版、2007年

貫成人『フーコー——主体という夢：生の権力』青灯社、2007年

浜田寿美男『「私」をめぐる冒険——「私」が「私」であることが揺らぐ場所から』洋泉社、2005年

浜田寿美男『子ども学序説——変わる子ども・変わらぬ子ども』岩波書店、2009年

浜田寿美男『〈子どもという自然〉と出会う——この時代と発達をめぐる折々の記』ミネルヴァ書房、2015年

浜田寿美男『「発達」を問う——今昔の対話 制度化の罠を超えるために』ミネルヴァ書房、2023年

M.ポラニー『暗黙知の次元——言語から非言語へ』紀伊国屋書店、1980年

M.ブーバー『我と汝・対話』岩波書店、1979年

本田由紀・中西新太郎・後藤道夫・湯浅誠・河添誠編著『「生きづらさ」の臨界——"留め"のある社会へ』旬報社、2008年

鷲田清一『じぶん・この不思議な存在』講談社、1996年

鷲田清一『メルロ＝ポンティ』講談社、1997年

鷲田清一『悲鳴を上げる身体』PHP研究所、1998年

3. 生命性・存在性の世界に関して

清水博『新版 生命と場所——創造する生命の原理』ＮＴＴ出版、1999年

清水博『〈いのち〉の自己組織——共に生きていく原理に向かって』東京大学出版会、2016年

清水博『新装版 場の思想』東京大学出版会、2014年

高橋勝『経験のメタモルフォーゼ——〈自己変成〉の教育人間学』勁草書房、2007

年

高橋勝『流動する生の自己生成──教育人間学の視界』東信堂、2014年

高橋勝『応答する〈生〉のために ──〈力の開発〉から〈生きる歓び〉へ』東信堂、
　2019年

中村桂子『科学者が人間であること』岩波書店、2013年

中村桂子『生命誌とは何か』講談社、2014年

中村桂子『はぐくむ──生命誌と子どもたち』藤原書店、2019年

中村雄二郎『場所(トポス)「』弘文堂、1989年

河合隼雄・中村雄二郎『トポスの知──箱庭療法の世界』TBSブリタニカ、1993
　年

中村雄二郎『共振する世界』青土社、1991年

池田善昭・福岡伸一『福岡伸一、西田哲学を読む──生命をめぐる思索の旅』明
　石書店、2017年

矢野智司『自己変容という物語──生成・贈与・教育』金子書房、2000年

矢野智司『意味が躍動する生とは何か──遊ぶ子どもの人間学』世織書房、2006
　年

矢野智司『幼児理解の現象学──メディアが開く子どもの生命世界』萌文書林、
　2014年

４．中間の共同世界に関して

うてつあきこ『つながりゆるりと──小さな居場所「サロン・ド・カフェ　こもれ
　び」の挑戦』自然食通信社、2009年

延藤安弘『「まち育て」を育む──対話と協働のデザイン』東京大学出版会、2001
　年

延藤安弘『人と縁をはぐくむまち育て──まちづくりをアートする』萌文社、2005
　年

大月敏雄『町を住みこなす──超高齢社会の居場所づくり』岩波書店、2017年

清眞人『創造の生へ──小さいけれど別な空間を創る』はるか書房、2007年

田中治彦・萩原建次郎編著『若者の居場所と参加──ユースワークが築く新たな
　社会』東洋館出社、2012年

田中康裕『まちの居場所、施設ではなく。──どうつくられ、運営、継承されるか』
　水曜社、2019年

中島岳志『リベラル保守宣言』新潮社、2016年

西野博之『居場所のちから ──生きてるだけですごいんだ』教育史料出版会、
　2006年

日本社会教育学会編『子ども・若者と社会教育──自己形成の場と関係性の変容』
　2002年

日野社会教育センター編著『人がつながる居場所のつくり方』WAVE出版、2014
　年

久田邦明『生涯学習論──大人のための教育入門』現代書館、2010年

久田邦明『生涯学習の展開──学校教育・社会教育・家庭教育』現代書館、2015年

牧野篤『公民館をどう実践してゆくのか──小さな社会をたくさんつくる2』東京大学出版会、2019年

鷲田清一『しんがりの思想──反リーダーシップ論』角川書店、2015年

渡辺義彦『公民館を遊ぶ』径書房、1988年

初出一覧

第 1 章　原題「若者の居場所から若者政策を考える」月刊誌『社会教育』2018
　　　　　年 10 月号、日本青年館発行

第 2 章　原題「〈トポスとしての居場所の再建〉──若者の生の充溢にむけて」月
　　　　　刊誌『社会教育』2022 年 10 月号、日本青年館発行

第 3 章　原題「思春期年代の居場所と公園──多世代共生の地域コミュニティ再
　　　　　生に向けて」日本造園学会『ランドスケープ研究』86 巻 3 号、2022 年

第 4 章　原題「子どもの居場所と都市空間──Well-being な成育環境デザインに
　　　　　向けて」日本都市計画学会『都市計画』Vol.72 No.1、2023 年

第 5 章　原題「若者参画型地域活動『若者によるまちづくりアクションプラン』」
　　　　　萩原元昭編著『子どもの参画──参画型地域活動支援の方法』学文社、
　　　　　2010 年

第 6 章　原題「青少年育成・支援の 10 年をふりかえる──子ども・若者の生の全
　　　　　体性の回復に向けて」(公)よこはユース『YOKOHAMA EYE'S』2022
　　　　　年 3 月号

第 7 章　原題「地域学校協働活動導入後の青少年の居場所」(公)音楽文化創造
　　　　　『音楽文化の創造』Vol.22、2022 年

第 8 章　原題「生の回復と充溢のトポスとしての公民館──居場所研究の視角か
　　　　　ら」(公)全国公民館連合会『月刊公民館』2018 年 10 月号、第一法規

第 9 章　原題「子どもの成育空間を再生する」(公)全国公民館連合会『月刊公民
　　　　　館』2014 年 9 月号、第一法規

第10章　原題「近代問題としての居場所」田中治彦・萩原建次郎編著『若者の居
　　　　　場所と参加──ユースワークが築く新たな社会』東洋館出版、2012 年

補論　　原題「近代教育からはみだす生の諸側面──子ども・若者の居場所研究
　　　　　の視角から」日本社会教育学会『第 69 回研究大会発表要旨集』

※再録にあたっては大幅に加筆修正している。

おわりに

　本書は前著『居場所－生の回復と充溢のトポス』春風社刊以降に執筆した論考を中心に、この10年間でまとめた論考を再構成したものである。

　とりわけ、この2～3年のあいだは、それまで中心的にたずさわってきた教育や児童福祉分野だけでなく、都市計画や公園づくりといった造園分野、都市社会学分野からの執筆依頼を受けることも増えてきた。

　このような展開は、私の研究の原点である居場所の存在論と無縁ではないと感じている。本書でも世代を超えた居場所の喪失感の広がりと共に、現代社会が脱身体化の方向で推移している状況にふれた。とりわけ子ども・若者が経験する世界がますます生身の世界から遠ざかっていることを指摘したが、それは居場所が身体に根差してきたことの裏返しでもある。身体は「私」という精神的存在の住み家でありながら、同時に肉体として物理的な空間を占め、人間関係や社会関係の具体的な起点にもなっている。日本語の「身」という言葉には、いのち、全身全霊、心の構えや姿勢、身分や地位など、身体のそうした重層性を端的に表したものである。われわれ人間という存在をあるがままに見たとき、このような重層的な意味を含んだ「身体的存在としての人間」であることを抜きに、現代人の居場所の問題は語れない。

　そのことを確認すると、居場所論は必然としてアイデンティティや自我論、人間関係論、空間論、環境デザイン論を同時的かつ有機的に含みこんで成り立つものとなる。私の居場所論はもともと社会教育学研究の一論文としてスタートしているのだが、その後の被引用分野を見ると、臨床心理学や発達心理学、子ども社会学、社会福祉、まちづくり研究など、教育学の近接領域・分野で読まれている。

　今回、副題を「Well-beingな環境デザインへ」としたのも、居場所論が子ども・若者の心理・発達を含む人間形成論でありながら、同時にそれはま

ちづくり・都市計画も含めた成育環境の在り方、社会の在り方を考えるものでもあることをメッセージに添えたかったからでもある。巻末の関連図書リストをご覧いただいてもおわかりのように、結果的に各学問研究分野を横断するリストになっている。

　〈この世界に生まれて、いまここに生きていることの歓びや幸福感が大切にされる世界とは何だろうか〉

　まえがきで述べたこの問いについて、本書を通して皆さんはどのような感想や考えをお持ちになっただろうか。
　本書を足掛かりとしながら、生きていることに連なる多様な領域・分野、人間という存在の奥深さ、ダイナミックに生成流転しつづけている生命の世界のおもしろさや不思議さの一端でも感じていただけたら嬉しい。子ども・若者のWell-beingな世界が多世代間の歓びや生の充溢に連なることを展望しながら筆をおきたい。

　なお、本書の出版にあたっては、学校法人駒澤大学より令和5年度特別研究助成出版助成を受けた。記して感謝申し上げたい。

　2023年12月

萩原建次郎

索引

著者紹介

萩原建次郎（はぎわら けんじろう）

1968 年　埼玉県生まれ。

立教大学大学院文学研究科博士課程単位取得満期退学。現在　駒澤大学総合教育研究部教授　専門は教育人間学，社会教育学

広く子ども・若者の居場所と人間形成の視座から近代教育の課題を問う。子ども・若者の居場所をめぐる臨床研究や地域青年活動の研究を重ね，各自治体の青少年・若者関連施策の提言，ユースセンター・児童センターなど青少年施設職員の力量形成支援や運営にたずさわる。

主要著書　単著『居場所 ——生の回復と充溢のトポス——』（春風社、2018 年）、共編著『若者の居場所と参加 ——ユースワークが築く新たな社会——』（東洋館出版、2012 年）、共編著『危険ってなあに？ "安全" のワークブック ——リスクとハザードを考えよう！』（ガールスカウト日本連盟、2007 年）など。

子ども・若者の居場所と人間形成 ——Well-being な環境デザインへ

2024 年　2 月 28 日　初 版　第 1 刷発行　　　　　　　　　　　〔検印省略〕
　　　　　　　　　　　　　　　　　　　　　定価はカバーに表示してあります。

著者Ⓒ萩原建次郎／発行者 下田勝司　　　　　　　　印刷・製本／中央精版印刷

東京都文京区向丘 1-20-6　　郵便振替 00110-6-37828　　　　　発 行 所
〒 113-0023　TEL 03-3818-5521(代)　FAX 03-3818-5514　　　株式 東信堂

Published by TOSHINDO PUBLISHING CO., LTD.
1-20-6, Mukougaoka, Bunkyo-ku, Tokyo, 113-0023, Japan
E-mail : tk203444@fsinet.or.jp　http://www.toshindo-pub.com

ISBN978-4-7989-1872-3　C3037　Ⓒ HAGIWARA Kenjiro

東信堂

※定価：表示価格（本体）＋税

〒113-0023　東京都文京区向丘1-20-6　TEL 03-3818-5521　FAX03-3818-5514

Email tk203444@fsinet.or.jp　URL:http://www.toshindo-pub.com/